フェア・ディスクロージャー・ルールについて

（平成30年4月12日開催）

報告者　大　崎　貞　和
（野村総合研究所未来創発センターフェロー）

目　　次

金融商品取引法研究会出席者(平成 30 年 4 月 12 日)

会　長	神 作 裕 之	東京大学大学院法学政治学研究科教授
会長代理	弥 永 真 生	筑波大学ビジネスサイエンス系 ビジネス科学研究科教授
委　員	飯 田 秀 総	東京大学大学院法学政治学研究科准教授
〃	大 崎 貞 和	野村総合研究所未来創発センターフェロー
〃	尾 崎 悠 一	首都大学東京大学院法学政治学研究科 法学政治学専攻准教授
〃	加 藤 貴 仁	東京大学大学院法学政治学研究科准教授
〃	小 出 　 篤	学習院大学法学部教授
〃	後 藤 　 元	東京大学大学院法学政治学研究科准教授
〃	武 井 一 浩	西村あさひ法律事務所パートナー弁護士
〃	中 東 正 文	名古屋大学大学院法学研究科教授
〃	藤 田 友 敬	東京大学大学院法学政治学研究科教授
〃	松 井 智 予	上智大学大学院法学研究科教授
〃	松 尾 健 一	大阪大学大学院高等司法研究科准教授
〃	松 尾 直 彦	東京大学大学院法学政治学研究科客員教授・弁護士
〃	宮 下 　 央	ＴＭＩ総合法律事務所弁護士
オブザーバー	小 森 卓 郎	金融庁総務企画局市場課長
〃	岸 田 吉 史	野村ホールディングスグループ法務部長
〃	森 　 忠 之	大和証券グループ本社経営企画部担当部長兼法務課長
〃	鎌 塚 正 人	ＳＭＢＣ日興証券法務部長
〃	陶 山 健 二	みずほ証券法務部長
〃	本 井 孝 洋	三菱ＵＦＪモルガン・スタンレー証券法務部長
〃	山 内 公 明	日本証券業協会常務執行役自主規制本部長
〃	石 黒 淳 史	日本証券業協会政策本部共同本部長
〃	山 本 　 悟	日本証券業協会自主規制企画部長
〃	塚 崎 由 寛	日本取引所グループ総務部法務グループ課長
研 究 所	増 井 喜一郎	日本証券経済研究所理事長
〃	大 前 　 忠	日本証券経済研究所常務理事

(敬称略)

フェア・ディスクロージャー・ルールについて

神作会長　皆様、新年度に入りいろいろとお忙しいところをお集まりいただき、ありがとうございました。それでは、定刻となりましたので、まだお見えでない方もいらっしゃいますけれども、第３回金融商品取引法研究会を始めさせていただきます。

本日は、既にご案内のとおり、大崎貞和先生から「フェア・ディスクロージャー・ルールについて」というテーマでご報告をいただくこととなっております。

それでは、早速ですけれども、大崎先生、ご報告をよろしくお願いいたします。

［大崎委員の報告］

Ⅰ．フェア・ディスクロージャー・ルールの導入

大崎報告者　このフェア・ディスクロージャー・ルール法制化の経緯ですが、2016 年 12 月に、当時の金融審議会市場ワーキンググループに設置されましたタスクフォースの報告の内容を受けまして、金融商品取引法の改正案が提出されました。これが 2017 年５月に国会で成立いたしまして、10 月に内閣府令案、ガイドライン案が公表され、パブリックコメント手続を経て、12 月に内閣府令が公布され、今年１月にガイドラインの内容が確定し、この４月、施行されたという経緯です。

中身の詳細は後ほどご説明いたしますが、まず新設された条文が３つございまして、全文は載せておりませんが、『証券六法　平成 30 年版』にはたしか載っておったと思います。

まず、27 条の 36 が一番主要な柱となる条文でありますが、フェア・ディスクロージャー・ルールの内容を定めたものであります。27 条の 37 は、こ

のフェア・ディスクロージャー・ルールに基づいて重要情報と呼ばれるものを公表する者に対しての金融庁の報告聴取、検査の権限等々について規定しております。27条の38は、公表されるべき重要情報が公表されていない場合の措置について規定しております。これらの内容については、後ほどご説明いたします。あわせて、金商法205条、罰則の規定が改正されておりまして、このフェア・ディスクロージャー・ルールに違反した者に対する罰則として、６カ月以下の懲役もしくは50万円以下の罰金、またはその併科ということが定められております。これについても、詳細は後ほどご紹介いたします。

このフェア・ディスクロージャー・ルールは、細かい要件は後ほどご説明するとしまして、ざっくり申しますと、投資判断に重要な影響を与えるような重要情報がまだ公表されていない段階で、証券会社のアナリストあるいは機関投資家のアナリスト、ファンドマネジャーといったような特定の第三者、これを法律では「取引関係者」と呼んでおりますが、この取引関係者に対してだけ開示することを禁じるという内容であります。

このような規範は諸外国では前から設けられておりまして、特にアメリカでは、2000年にSEC規則としてレギュレーション・フェア・ディスクロージャーというものがつくられました。レギュレーションFDと通称しております。また、ヨーロッパでは、最初は2003年だったと思いますが、このような趣旨の規範が当時のマーケット・アビュース・ダイレクティブ（市場阻害行為指令）に盛り込まれまして、その後、これがレギュレーション（規則）という形になって、現在に至っております。

というわけで、少なくとも欧米では2000年代の前半に既にこのような規制が設けられておったのですが、当時の日本では、若干の検討が行われたようでありますけれども、このようなものを法制化することは直ちには行われませんでした。その理由としていろんなことが指摘されておりますが、１つ言われておりましたのが、取引所の適時開示規則には、投資判断に重要な影響を及ぼすような情報が発生した場合に直ちに適時開示を行えということが基本的に書かれているのですけれども、この中に、例外として開示の遅延を認めるという規定がないということは、つまり、重要情報は直ちに開示されることが、少なくとも取引所規則上は当然のこととされているのだという理解で、法令のルールではないとしても、取引所規則レベルではフェア・ディスクロージャーの義務が既に導入されているというような説明もされておりました。

もう１つ、多分より実質的な理由として、アメリカでは、後ほどすぐご紹介しますが、いろんな弊害といいますか、フェア･ディスクロージャー･ルールの導入を必要とするような問題が既に顕在化していたように思われるのでありますが、日本では同じような問題は生じていないという理解もありまして、法令改正までは要らないと判断したのではないかと思われます。

この問題とは､主としてアナリストと上場企業が一種の癒着関係に陥って、アナリストレポートの内容がゆがめられるとか、あるいは癒着しているアナリストが特権的に重要な情報を入手して、それを利用して顧客を勧誘するとかいうようなことが想定されるのでありますが、そのようなことが実際にあったかどうかはともかくとしまして、2000 年代初めの段階で、日本証券業協会の自主規制規則でアナリストレポートについての一定の規制を設けるという対応もとられまして、反面、フェア・ディスクロージャー・ルールの立法にまでは至らなかったわけです。

ところが、2015 年以降、複数の証券会社に対する行政処分の事案が出てまいりました。これらは､当時盛んに行われておりました「プレビュー取材」と呼ばれる慣行を発端とするものです。決算期が締まりますと多くの上場企業はいわゆるクワイエットピリオド、サイレントピリオドになりまして、決算発表を行うまでの間は、アナリストやファンドマネジャーとは面会しないというふうに対応しておるわけですけれども、クワイエットピリオドに入る直前、決算が締まるちょっと前にアナリストが会社を訪問します。多くの会社の場合は業績予想を開示しておりますので、仮に既に開示している業績予想と、インサイダー取引規制に言う重要事実に相当するような軽微でない幅の乖離が生じることになっている場合には、直ちにその事実の開示が行われるはずですが、そういうことが行われていない場合、つまり、何らか乖離はあるかもしれないけれども、それは重要事実とされるほどの幅ではないという場合が想定されるのですが、そのようなことになっているのかどうかということを確認に行く。これをプレビュー取材と称してやっておったようであります。「御社は、業績予想は変更されていないわけですけれども、ちょうどその辺に落ちつきそうなのですか。足元はどうなのですか」みたいなことを取材するという慣行があったのです。

取材を行うこと自体は、当時の法制上、必ずしも違法ではありませんし、またアナリストレポートの取り扱いに関する自主規制規則にも直ちに反するものとは言えないのです。アナリストレポートの規則では、そういう形で投資判断に影響を及ぼす情報を入手した場合には、コンプライアンス部門に報告して適切に管理する、直ちにレポートの執筆に用いたり、あるいは勧誘に用いたりはしないということになっておりましたので、そういうふうにしていれば特段問題はなかったとも言えるのですが、一部の証券会社のアナリストが、そうやってプレビューと称して入手した情報を投資家にそのまま流したり、投資家と一緒に上場会社を訪問したというケースもあったようでございます。これは非常に問題だということになりまして、やはり日本でも諸外国で求められたような立法的な解決が要るのではないかという話になって、先ほどご紹介した金商法の改正に至ったという経緯でございます。

次のページの表は、欧米の規則を紹介しているだけでありまして、しかも、項目だけですので、これの説明は省略いたします。

Ⅱ．米国におけるルール化の背景

先ほどちょっと申しましたが、それではアメリカでなぜ2000年という時点でレギュレーションFDをつくることになったのか、その背景について少しご紹介しておきたいと思います。これは日本の立法の背景とは全く同じというわけではありませんので、余り関係ないと言えば関係ないのですが、今後このフェア・ディスクロージャー・ルールがどんな機能を果たすかということを考える上で、もしかすると参考になるのかなという気がいたしまして、ちょっとご紹介してみたいと思います。

私は、大きく３つぐらいのことを言えるかなと考えております。

１つは、インターネットの普及によって、それ以前にあった機関投資家などプロの市場参加者と、アマチュア、個人投資家との間に生ずる情報格差が小さくなった。これが大きなことではないかと思っております。つまり、昔から情報はできるだけ投資家間で公平、平等に行き渡らせなければいけないという考え方は、当然のこととしてあったわけです。しかし、その理念を実現するためのさまざまな手段には、ややフィクションに近いようなところがあったわけです。

例えば、投資家保護のために設けられた制度である法定情報開示を１つとっても、昔は有価証券報告書が提出、公表されたと言っても、それは当時の大蔵省の閲覧室あるいは財務局の閲覧室に置いてある、そういう状態を「公表した」と言っていたわけでありまして、私も一回計算したことがあるのですが、印刷されたものを上場会社全部分購入しようとすると、１回分だけで三百万円、CD-ROM化されたものでも二百二十万円もかかる。こういうものを継続的に購入して、割と早いタイミングできっちり見ている人たちは、明らかにプロの分析者だけだったわけです。そういう状態ですと、アナリストのような情報分析のプロが、法定情報やその他企業から発信された情報を、他の人より若干早く知ったとしても、それを分析して、個人投資家も含めた一般の投資家に伝達するという役割を果たすのであれば積極的に望ましいことで、そこの時間差を余りうるさく言う必要はないのではないかという考えも成り立ち得たのではないかと思うわけです。

また、ニュースを通じた情報の発信などにしましても、現在ですと本当にリアルタイムで誰でもスマホで最新の情報を入手できるわけでありますが、昔は新聞の朝刊、夕刊を読んで初めて知ることがたくさんあったわけであります。1980年代ぐらいになりますと、リアルタイムでニュースを配信するサービスもありましたけれども、これもプロだけが使うものだったわけです。インターネットが出てくるまでは、これらの端末代は非常に高価なものだったわけです。

そういう中では、情報の公平性というものに対する捉え方も現在とは大きく違って当然であったのではないかと思うのですが、逆に、インターネットが登場したことで、厳格な意味での公平性がなければ公平とは言えないという考え方が広がった。これは直接フェア・ディスクロージャー・ルールをもたらしたとまでは言えないにしても、大事なことではないかと思います。

２番目に、先ほどちょっと言ったことですが、アメリカでは1999年、2000年ごろ、現実に証券会社のアナリストの発信する情報が、上場企業との癒着によってゆがめられているのではないかという懸念があったということでございます。

この当時、アメリカの上場企業のほとんどは業績予想の開示は行っておりませんでした。では、アナリストはどうやって独自の業績予想を作成していたかといいますと、さまざまなモデルをつくって数字をつくるのですが、それを実は上場会社のIR担当者のところへ持っていって、これでいいか悪いかということについてコメントをもらう。そのような形で、本来会社が公表すべきような情報を、市場に伝達するということをやっておったようなのです。

日本人の方で、この時代にアメリカでIR実務をやった人に体験談を聞いたことがありますが、彼が言うには、当時はいかにマーケットコンセンサスを会社予想に近づけるかというのが、IR担当者の腕の見せどころであったと言っておりました。つまり、現在で言えば、アンフェアなディスクローズをすることがIR担当者の任務であった。そんなようなこともあったわけであります。

またこれもちょっと余計なことですが、当時、日本の上場会社の間では、日本では取引所の決算短信の様式を通じて、事実上、業績予想の開示が強制されているという見方がすごく強くて、これに対してアメリカにはそういう制度が一切ないし、現実に業績予想も出ていないということで、アメリカのアナリストは非常に優秀で、会社自身による開示がなくても予想がつくれるのに、日本のアナリストは無能で困るというような批判がありまして、アメリカと同じように業績予想をやめたいなどという議論があったのですが、実は裏には日米のアナリストの能力の違いよりも、もっと深刻な問題があったということでございます。

そういう状況ですと、アナリストとしては、これは密室でのコメントであり、かつ、正式のものではありませんので、コメントしてくれと要求する権利はないわけです。したがって、IR 担当者の好意を得なければいけないというプレッシャーがどうしても生じるわけで、ともすれば会社側に有利なレポートを書きがちになるという傾向があったと思われるわけです。

この辺については、そういうことがあったかなかったかの事実認識も含めて、いろんな意見があったのですが、ただ、この数年後、アメリカではいわゆるアナリスト問題が大々的なスキャンダルになりまして、グローバルセツルメントという、SEC と証券業界全体との和解で、ほとんどの証券会社が非常に大きな額の制裁金を支払うということになりました。やはり規制当局側が懸念していたように、実際アナリストの情報が上場企業の影響によってゆがめられていたという事実はあったようであります。

３つ目の背景として、インサイダー取引規制上の問題があったのではないかと思われます。これはアメリカのインサイダー取引規制の特有の事情によると言えばよるのですが、SEC からしますと、証券会社のアナリストに未公表の重要事実が流れて、それが投資家にさらに伝達されて、それで取引が行われればそれは不正なインサイダー取引であるという考え方をとっておったのであります。アメリカでは、インサイダー取引規制は単純に情報が流れただけで成立するものではないという考えが、判例法上ございまして、いわゆる信認義務理論にのっとりますと、基本的には、情報伝達にかかわったアナリストが、情報源となった会社関係者が個人的に利益を得る目的で情報を伝達するなど、会社に対するフィデューシャリーデューティーズ（信認義務）

に反して当該情報をアナリストに漏らしたという事実を知っていたか、あるいは知るべきであった場合にだけ、違法なインサイダー取引が成立する。これは1983年、ちょっと古い判例なのですが、ダークス事件の連邦最高裁判決で確立された考え方であります。

2000年のルール制定当時、SECの担当者が説明会で言っておったのですが、このような判決の考え方が機械的に適用されると、アナリストを介した情報伝達はほとんど全部自由に取引ができるということになりかねないというような言い方をして、これは情報の発信源を規制しないと防止できないということを言っておりました。

実は、この問題と似たような問題は、日本の法律上もございまして、日本のインサイダー取引規制ですと、ご承知のとおり、いわゆる２次情報受領者による取引は罰せられないということになるわけです。引受契約などを証券会社が結んでいて内部情報を入手した場合は別ですけれども、アナリストがそういう関係にない上場会社から情報の伝達を受けると、アナリストが恐らく１次情報受領者になりまして、アナリストから情報を伝達された人は２次情報受領者になると思われますので、日本の場合は、信認義務がある、ないという以上に、より広範にアナリスト経由のインサイダー取引は起こり得るのかなという気がしております。

いずれにしても、アメリカではこのようなことが背景となって、ルール化が行われたということです。

次のページは、（参考）ということで、アメリカのレギュレーションFDの違反事例をずらずら並べております。今後のルールのあり方を考える上で参考になると思いますので、これもちょっと触れておきます。

アメリカでは2000年にルールができまして、既に17年たっておりますので、ルール違反の摘発事例もある程度蓄積されております。大体15件ぐらい確認いたしました。ですから、平均すると年に１件ずつぐらいという感じです。また、アメリカの場合は、後ほどご紹介する日本の罰則とは全然違いまして、レギュレーションFDに違反する事態が生じたら、直ちにSECによる排除措置命令とか、場合によったら制裁金の賦課とかという制裁の対象になり得るという構造になっておりますので、結構厳しい規制が課されていると言えるのですが、それでも違反が幾つか出ております。

これを見ておりますと、日本にも示唆的だと思うのは、実は日本でこのルールを導入する議論が始まったときに、一部の法律家から、M&Aの実務などに悪影響を及ぼすのではないかというご懸念があったのです。つまり、仮にM&Aに関する情報がアンフェアに伝達されているということになったとしますと、その上場企業はその情報についての開示を強いられると考えられるものですから、それではできるはずのディールもできなくなるのではないかという懸念を言う方がおられました。ただ、実際のアメリカで摘発された事例を見ますと、M&Aとか、そういうコーポレートアクションに直接かかわるような事案は全然ございませんで、一番よくあるのが、会社が公表している、あるいは会社が考えている業績予想と、アナリストが想定している市場のコンセンサスとの間に乖離が出ているときに、この乖離を修正しようとして会社が重要情報を漏らしてしまうというケースだということがわかります。

典型的なものが、ここに挙げているものでいきますと上から３つ目がそうですが、ある会社のCFOが業績予想の市場コンセンサスが高目になっていると考えて、複数のアナリストに対して、「あなた方の予想は強気過ぎる」といったようなコメントを個別に行ったというものです。なぜこういうことが起きるかといいますと、要は、市場のコンセンサスが非常に高目になっていますと、それを反映して株価が高目になる。そうすると、業績が発表されたときに、かなりいい業績であってもいわゆる失望売りを招いて、株価が急落することになる。これは会社にとっては不都合というか、余り心地よいものではありませんので、ずれているなという認識を持ったときに、どうしても会社の幹部がその見通しを市場に反映させたくなって、つい余計なことをやってしまうということがあるのかなと思っております。

実際、アメリカで最近いわゆるIT系の会社なんかで、史上最高の売上高、利益を発表したら、その日、株価が急落したという実例が幾つも出ております。

これは、別にそれが悪いことだと言っているわけではないのですが、情報がフェアに伝達されるということの１つの帰結を示していることであります。つまり、どんなに情報がフェアに伝達されていても、そのフェアに伝達された情報を正しく理解できるかどうかはまた別の問題であるので、フェアに伝達された情報に基づいて形成された、やや誤った見通しがコンセンサスとなって、結果的にその事実がわかったときに株価が急変するということは、フェア・ディスクロージャーが徹底すればするほど、起きるようになるということでございます。この辺はルールの今後のあり方を考える上で、１つ念頭に置いておくべきことかなと思っております。

Ⅲ．フェア・ディスクロージャー・ルールの構造

以上、背景的なことにやや時間を割きましたが、それではフェア・ディスクロージャー・ルールの構造についてご紹介していきたいと思います。

この点については、法律の条文に加えまして、施行令、内閣府令、金融庁が出しましたガイドラインにさまざまな説明が入っておりますので、どこにどう書いてあると細かく説明は必ずしもいたしませんが、全部織り込みながら説明してまいりたいと思います。

まず、フェア・ディスクロージャー・ルールは、先ほど申しましたように、一定の「重要情報」とされる情報を一定の者が取引関係者に伝達することを禁じるというものでありますが、それでは、まずその規制の対象となる情報は何かというものであります。

法律の条文では、「当該上場会社等の運営、業務又は財産に関する公表されていない重要な情報であって、投資者の投資判断に重要な影響を及ぼすもの」とされております。これを「重要情報」と法文では呼んでおります。

これだけで内容が非常にはっきりしているかというと、必ずしもそうではないわけで、補足的に金融庁のガイドラインが出ております。このガイドラ

インによりますと、「当面」という留保がついているのですが、インサイダー取引規制における「重要事実」のほか、決算情報（年度または四半期の決算に係る確定的な財務情報）であって、有価証券の価額に重要な影響を与える情報を重要情報として管理すべきであると述べております。

さらに、「有価証券に価額に重要な影響を与える」という部分が不明確だとか、判断ができないと考える会社の場合は、確定的な決算情報は全て重要情報であるとして管理するのもいいのではないかと、ガイドラインに述べられております。

また、諸外国のルールも念頭に、何が有価証券の価額に重要な影響を及ぼし得る情報か独自の基準を設けてIR実務を行っているグローバル企業は、その基準を用いて管理することでもいいと言っております。

このガイドラインは、必ずしも重要情報の概念をさらに説明しているとは言えないのであります。つまり、ある意味、過剰に管理するという可能性もあり得るということで書いておりますので、必ずしも解説をしているとは言えないのでありますが、この辺が手がかりになるのかなと。つまり、インサイダー取引規制における重要事実、プラス明らかに重要事実に該当するとまでは言えないけれども、決算情報であって、有価証券の価額に重要な影響を与える情報が、重要情報の範囲であると言っているように聞こえます。

また、ここで言う「決算情報」には、定量的な数字だけではなくて定性的情報、例えば増収の見込みとかいうようなものも該当すると言っております。

私は実はこの件で、いろんな上場会社を訪問して意見交換などをしてきたのです。もちろん正解というものがあるわけではないのですが、よく聞かれますのが、「足元どうですか」みたいなふうに聞かれたときに、「うん、順調です」とか、「大体思ったように進んでいます」とか、「好調です」とか、あるいは「ちょっと厳しいです」とか、こういう言い方はどうなんだみたいな話です。ガイドラインを見る限り、少なくとも未公表の決算に直結するような内容で、そういうことをコメントするのはまずいのかなという感じがいたします。

また、ガイドラインでは、中長期的な企業戦略・計画等に関する情報は、一般的にはそれ自体で重要情報に該当しない。ただし、中期経営計画の内容として公表を予定する利益に関する具体的計画内容などは該当し得ると言っております。

日本企業は多くが中期経営計画を公表しておりまして、その中では、例えば３年後の利益水準、あるいは売り上げの水準の目標と言っていいと思うのですけれども、それが開示されておるわけです。開示されている数字について何か言うのは全然問題ないと思うのですが、それを開示する前に、次の中計ではこういう目標を掲げますというようなことを言ってはいけないということかなと思っております。

一方で、既に公表した情報の詳細な内訳や補足説明、公表済み業績予想の前提となった経済動向に見込みなどは通常重要情報に該当しないと言っております。これもよくいろんな上場企業からコメント、質問を受けるのですけれども、実務上、多くの会社がやっていますのは、決算短信という形で一般に公表する資料とは必ずしも同一でない資料を使って、アナリスト向け会社説明会をやるのです。これは証券アナリストとかファンドマネジャーが出席するわけですけれども、場合によったら新聞記者も同席していることもございます。その場では決算短信とは別の説明資料を使って、若干違った説明をする。違った方向の説明をするということではございませんで、より細かい説明をすると言ったほうがいいと思います。その場で使った資料は、そのままネットに掲載して公表している会社もあるのですが、場合によってはその資料は公表しないとか、あるいは実際に聞いた例ですけれども、例えば30ページぐらいある資料の３枚を抜いて公表しているとか、さまざまなケースがございます。これらはどうなのでしょうねという話がありました。

私が申し上げたのは、少なくとも法令の解釈として読み得るのは、基本に立ち戻りまして、投資者の投資判断に重要な影響を及ぼす情報に該当するのかしないのかということが全てですから、例えば30ページの資料のうち３ページ抜いて公表したとして、その３ページの中に投資者の投資判断に重要な影響を及ぼす内容があれば、それは重要情報をアナリストのみに伝達したということになるのでしょうけれども、そうでないのであれば、別にアナリストに見せたものは全部公表しなければいけないというルールではないので、それはいいのではないですかみたいなことを言っていますが、この辺が上場会社としては今非常に悩んでいるところかなと思っております。

また、工場見学や事業説明会で一般に提供される情報など、他の情報と組み合わせることで活用できる「モザイク情報」は、それ自体では重要情報に該当しないと言っております。

これについても、他の情報と組み合わせることで活用できるものと単独で活用できるもの、要は、モザイク情報なのか重要情報なのかの線引きは非常に難しいですねという感想をよく伺います。

７ページには、整理のための意味で変な表をつけておりますが、要は、今回、重要情報という概念が金商法に盛り込まれましたことで、金商法及びその関連の法令で規制されているいろんな情報の取得や発信に関する規制に似たような、ちょっと異なる概念がいろいろできました。それを比較しているということでございます。

インサイダー取引規制の重要事実については、具体的に列挙されているものがございますが、それと別にいわゆるバスケット条項がございまして、投資者の投資判断に「著しい影響を及ぼすもの」が重要事実であるという言い方をしているのです。一方で、今回のフェア・ディスクロージャー・ルールですと、投資者の投資判断に「重要な影響を及ぼすもの」という言い方をしておりまして、またガイドラインでも、インサイダー取引規制上の重要事実は全て重要情報であって、プラスアルファがあるのだという言い方をしていますので、フェア・ディスクロージャー・ルールで言う「重要な影響」のほうが、インサイダー取引規制に言う「著しい影響」より広いという理解で間違いないと思います。

似たような概念がもう１つございまして、これは金融商品取引業者に対する業法的規制の中で出てくる話ですが、法人関係情報というもので、証券会社等が入手したときに適切に管理することを求められているものであります。ここでは顧客の投資判断に「影響を及ぼすと認められるもの」という言い方がされておりまして、ここで言われている情報が幅が一番広いのかなと思っております。

この辺の整理は、今後実務がだんだん練れてきて、できてくるのかなという感じがしますが、後ほどこの辺についてもいろいろご意見、コメントをいただければと思います。

Ⅳ．今回のフェア・ディスクロージャー・ルールについて

次に、今回のフェア·ディスクロージャー·ルールは、従来のインサイダー取引規制と大きく異なる点がございます。インサイダー取引規制ですと、会社関係者が情報を知って――どういう状況で知ったら「知って」と言えるのかというのは、また難しい問題があるわけですが――取引をすれば、これはインサイダー取引である。それは社長であっても、平社員であっても同じであるというのが基本的な考え方なのですが、このフェア・ディスクロージャー・ルールに違反したということになるのは、一定の情報提供者が取引関係者に情報を提供した場合に限られるという仕組みがとられております。

この一定の情報提供者の範囲ですけれども、まず、上場会社等又はこれらの役員ということになっております。この役員という概念ですが、金商法では、取締役、会計参与、監査役若しくは執行役又はこれらに準ずる者と捉えられております。この件に関してはもちろんまだ判例がないのですけれども、虚偽記載をめぐりまして同じ文言に関しての判例がございまして、それによりますと、執行役員という肩書を持っている人が、会社の全般についての業務執行決定及び業務執行の監督を行う取締役会の一員である取締役とほぼ同等の地位や権限が与えられているような場合には、「準ずる者」になることがあり得る。具体的な裁判例では、そのような地位や権限が与えられているとは言えないので、準ずる者ではないという結論になっているのですけれども、そういうふうにも考えられるということで、執行役員という肩書の人は

今たくさんいらっしゃるわけですけれども、基本的には、そういう人は直ちには該当しないということだと思われます。

他方、上場会社等の代理人若しくは使用人その他の従業者であって「取引関係者」に情報を伝達する職務を行うこととされている者は、一般的に情報提供者になり得ることになっておりまして、具体的には、IR部門の部長以下一般社員に至るまで、あるいはそこで働いている派遣社員、パート社員なども該当するのかなと思っております。

一方、規制の対象となる情報受領者を取引関係者と呼んでおりますが、これの範囲は、金融商品取引業者、登録金融機関、信用格付業者若しくは投資法人その他の内閣府令で定める者又はこれらの役員等ということになっておりまして、幅は非常に広いと言えば広いです。例えば登録金融機関が全部含まれるということになりますと、銀行の役員等ですから従業員も含めて銀行員全部かみたいな話になるのですが、この点については、重要情報の適切な管理のための必要な措置が講じられている場合に、金融商品取引業に係る業務に従事していない者とされる者は含まれないとなっております。例えば、投資信託の販売をやっている部門との間できちっとした情報隔離が行われている場合の銀行における与信業務に従事する人などは、情報受領者になり得ないということになっております。

投資者に対する広報に係る業務に関して重要情報の伝達を受け、有価証券等の売買等を行う蓋然性の高い者として内閣府令で定める者という規定がございまして、内閣府令で具体的にいろいろ挙げられているのです。例えば上場有価証券等の保有者、要するに既存の株主、債券を持っている人ももちろん含まれます。適格機関投資家（金融商品取引業に係る業務に従事していない者は除く）、有価証券投資を主たる目的とする法人等などが挙がっておりまして、例えば生命保険会社などはここで規制の対象になってくるということかと思います。それから、投資家向け情報提供会合への出席者については、その出席をしているときのみ取引関係者に該当するとなっております。

また、立法に至る議論の過程で１つ問題になりましたのが、報道関係者への情報伝達はフェア・ディスクロージャー・ルール違反になるのかという話であります。海外の例でいきますと、アメリカについては、日本と同じような表現で、有価証券等の売買を行う蓋然性が高いとは言えないということで、適用除外になっているという解釈がされているのですが、ヨーロッパのマーケット・アビュース・レギュレーションでは、第三者一般に対してのアンフェアな情報提供が禁じられておりますので、新聞記者に情報を伝達することも違反になり得るのではないかと解されておるのです。

そこで、日本ではどうするのだということが問題になりましたが、最終的に法令のつくりとして、「投資者に対する広報に係る業務に関して重要情報の伝達を受け」云々として内閣府令で定める者だけが規制の対象という限定的なやり方でありますので、ここに列挙されていなければ該当しないと考えるわけで、報道関係者に直ちに該当しそうな概念は挙がっておりませんので、報道関係者に対しては規制は及ばないと考えられるわけであります。その理由は、報道関係者が有価証券等の売買等を行う蓋然性が高いとは言えないということなのだろうと思います。

ただ、これは本当に無理やり考えたようなケースでありますけれども、例えば投資家向け情報提供会合を開きました。そのときに、なぜかアナリスト、ファンドマネジャーが誰も来なくて、新聞記者にも案内を出していたら、新聞記者ばかり来ました。そこで未公表の重要情報の伝達が行われました。これはフェア・ディスクロージャー・ルール違反でしょうかというと、これはやはり違反となるのだろうと思います。ほとんど考えられないケースと言えば考えられないケースでありますが、そういうのはあり得る。

何でアナリストが出席しなかったらと言ったのかといいますと、アナリストに対して伝達する場合は、未公表の重要情報を伝達したらどのみちフェア・ディスクロージャー・ルール違反だというのはみんな認識しているわけでありますので、アナリストが出席していれば当然そこには注意をするだろうと思うわけですが、たまたまアナリストが誰もいない、新聞記者だけだったらいいのかなと思っても、もともとそれが投資家向け情報提供会合であったとすると、上に書いた要件に該当してしまって、それは違反だということになるのかなと。これはほとんど言葉の遊びみたいな話ですが、そんなことが言えるかと思っております。

また、守秘義務、投資判断に利用しない義務を負う者へ伝達した情報は公表不要ということになっておりまして、これは例えば引受担当者とか、あるいは個別に投資判断に利用しない義務を契約した場合などは、伝達しても構わないということかと思っております。

10ページですが、最初に説明すべきだったのですけれども、今まで公表、公表ということを盛んに言ってまいりました。ご承知のとおり、今インサイダー取引規制では、公表という概念が極めてテクニカルに定義されておりまして、臨時報告書の提出、２以上の報道機関に情報を公開してから12時間以上が経過したこと、取引所の適時開示システムに通知したこと、基本的には、この３つのどれかを満たさなければ公表したとは言えないとなっております。

今回は、インサイダー取引規制で言う公表概念に１つ要件が加わりまして、自社のホームページに掲載した。ただ、このホームページはどんなのでもいいというふうにはなっておりませんで、重要情報を集約し、掲載時から１年以上閲覧可能にすることという要件がかかってはおりますが、基本的には自社のホームページに掲載した情報は、全てフェア･ディスクロージャー･ルール上の公表に該当することになっております。

したがって、いろんな会社と意見交換しておりますと、要するに、アナリストに出す資料が全部ホームページに載っていれば何も問題ないんですねと皆さんよくおっしゃいます。それは基本的にはそういうことですね。ただ、情報の伝達はもちろん紙によるものだけではありませんで、口頭で伝達するものも当然含まれますので、紙はアップしておいて、別途口頭で重要情報を言ってしまっていたというと、これはやはり問題にはなるわけであります。ただ、従来のような公表措置を一々とらないと公表と言えないというわけではないということになるかと思います。

また、罰則を含む実効性確保のための措置が、ある意味では迂遠なものになっているというのが今回のルールの特色です。つまり、未公表の重要情報を取引関係者に伝達してしまうことそのものを直ちに罰するという規定は設けられておりませんので、もしそういうことをしてしまったとしても、直ちにそれで罰則が科されるということにはならないというつくりになっております。

では、何が起きるかといいますと、公表されるべき重要情報が公表されていない場合、公表の指示が行われることになっております。正当な理由が――正当な理由については、会社の業務に支障を生じる等々内閣府令で定められておりますが、その理由がないのに指示に従わない場合は、公表命令が出ることになっておりまして、この公表命令にさらに従わない場合には、6カ月以下の懲役若しくは50万円以下の罰金又はその併科という、先ほど申し上げた罰則がつくことになっております。インサイダー取引規制は、ご承知のとおり５年以下の懲役でありますので、それに比べると極めて軽い刑罰になっております。

11ページは、こんな動きもありますということで、フェア・ディスクロージャー・ルール制定を機に、日本IR協議会でベストプラクティス指針をつくられていますというご紹介ですので、これは飛ばします。

Ⅴ．フェア・ディスクロージャー・ルールによる今後の影響

最後に、今回のルールの今後の影響といいますか、何が起きそうか、何が課題になるのか、感想みたいなことをちょっと申し上げたいと思います。

１つは、上場企業にはこのルールをもちろん遵守していただきたいわけですけれども、遵守しなければならないという意識が過剰になって、情報を出し渋るのでは問題です。本来このルールをつくった背景には、アンフェアに特定の１人にだけ出さないでみんなに早く情報を出しましょうと、情報開示の早期化を促すという観点が当然入っているわけですが、結果としてそうではなくて、逆に特定の人にも出さず、みんなにも出さず、情報開示をおくら

せることになっては完全に本末転倒ということになるわけです。そういうふうにならないかどうか。これは非常に大きな課題です。

と申しますのは、これもいろんな企業と、そんなことを言わないでねというような話をしているのですが、このルールに絶対に違反しないようにするにはどうしたらいいかというのは、ある意味簡単でありまして、まずアナリスト、ファンドマネジャーに会わなければいいわけです。下手に会うから情報の伝達をしてしまうわけでありまして、会わなければいい。かつ、会ったとしても、「ホームページに全て掲載しております」という以外の回答は一切しないと、違反は起きないということになるわけです。ただ、そうすると、本来問題がないはずのモザイク情報のやりとりが全然なされないことになりますので、市場に提供される情報の質と量は当然著しく低下することになるわけで、これは問題なのです。

そうすると、企業には、モザイク情報と重要情報には違いがあることを十分認識した上で、モザイク情報は積極的に出しましょうということを徹底していただかなければいけないのですが、それができるかどうか、これが一番大きな課題だと思っております。

私がいろいろ訪問して意見交換させていただいている感じでは、特に今までIR活動に熱心だった企業の多くは、余りそんなことは懸念しなくてもいいのかなと。つまり、従来もできるだけ情報を公平に出していくことはやっていたし、今後ともやっていくし、ホームページに出していれば公表ということであれば大丈夫だねというような感想を漏らされる方が多いですので、大丈夫かという気もしますが、懸念はあるということです。

次に、これはさっきの話と重なるのですが、果たして上場企業が今までIR活動で自主的に開示してきた情報がさらに充実するという格好で、開示の早期化という制度導入の狙いをちゃんと達成することができるかという問題がございます。

これについてはちょっと懸念もございまして、というのは、余り論理的につながらない話なのですが、例えば一部の会社では、今までホームページに掲載していた情報のうち、適時開示義務が必ずしもないものについては情報掲載をやめることを決めましたみたいなことを言う人もいるのです。フェア・ディスクロージャー・ルールにそんなことは全然要請されていないのですよと言うと、それはそれとして再検討しましてとか、よくわからない説明なのですが、ただ、「君子危うきに近寄らず」とでもいうようなこともちょっとあるのです。

そういうことが起きる１つの原因になっているのは、アナリストに対してだけ出している資料を全部そのままホームページに載せてくれれば公表になるのだから、若干タイミングのずれがあるとしても、速やかに載せるということをしていれば、アナリストに今までどおり情報を出していいんですよと言うのですけれども、少なからぬ会社の方がおっしゃるのが、アナリストに渡すのは構わないけれども、ホームページに載せるのは困る情報がある。それは何かといいますと、皆さん一番気にしているのは、同業他社に見られたくないという情報だそうであります。

例えば、ある外食産業の会社で聞いた話ですが、その会社では、有価証券報告書とか決算短信におけるセグメント開示を、大まかにレストラン部門と食品販売部門みたいな開示の仕方をしている。ところが、アナリストからは、レストラン部門の具体的な、例えば焼き肉のチェーン○○、牛丼チェーン△△についての数字が欲しいという要望が非常に強くて、実際そういう情報をアナリストには提供しています。ところが、それがいいか悪いかというのはいろんな議論があると思うのですけれども、もともとレストラン部門という開示の仕方をしている１つの理由は、例えば牛丼チェーンとしてライバルにある某社、あるいは焼き肉チェーンとしてライバルにある別の某社に、自分たちの競合部門がどういう状態にあるかを正確に知られたくないという動機もあるのです。こういうことがそもそも市場における開示として適切かというのはいろんな意見があると思いますが、そういう非常に切実なものがある。

そうすると、アナリストが分析上、それを知るのはいいけれども、ホームページに載ると同業他社がみんな見てしまうので、だったらアナリストにも渡さないというようなことになるという指摘がありまして、こういった問題をどう解きほぐしていくのか、全部公平に開示すればいいのですよというだけではおさまらない面があるのかなと思っております。

また、これもおもしろいのですが、IR 部門の方としては出してもいいじゃないかと思う情報についても、いわゆる現場から、それをホームページに載せるのは困るというような指摘を受けて、ホームページに載せるのをやめたとかいう話も実際にあるようでありまして、ここはなかなか難しいということでございます。

もう１つは、アナリストの活動にどういう影響が出るかということですが、この問題をめぐっては、そもそも規制導入のきっかけになったプレビュー取材を含む直近の業績の情報をいち早くつかんで、それを投資勧誘に使おうというやり方自体が、本来のアナリストのあり方から言うと邪道であるという指摘はよくあります。特に私と同年代かそれより上の古い世代のアナリストの人たちがよくそう言うのです。私自身はセクターアナリストをやったことがないのですが、同世代の人たちがいわば昔を懐かしんで、昔は 30 ページの産業分析レポートみたいなものを書いて、業界がこう変わるみたいなことを論じたら、それでいっぱい株の注文が来て評価が高まったものだ、そういう時代に戻るんだという言い方をする人もおるのです。

私は、そういうことがいけないとか言うつもりは全くないのでありますが、そもそもプレビュー取材を初めとするアナリストの行動は一体なぜ起きたのか。それはやっぱりアナリストにコミッション（株式売買委託手数料）という形で報酬を落とす機関投資家が、そういう情報を求めていたからではないのかという問題がございます。投資家が産業構造のファンダメンタルな分析についての情報が欲しいと言っているのに、アナリストが早耳情報に走っていたというようなことがあるのであれば、これで原点回帰して非常にいいねということになるのですけれども、そうではなくて投資家のほうは実は本音では早耳情報が欲しいのだということになりますと、原点回帰したアナリストにはコミッションを払う理由がないというような結論にもなりかねないわけであります。仮にそういうふうになりますと、単純に、いわばマーケットのニーズに合っていないレポートを書くアナリストが失業していくというだけになって、結果として、マーケットに提供される情報の質も量も低下することになりはしないか。これは若干懸念されるところでございます。

もう1つ、きょうは法律の専門家の方が多くいらっしゃっておりますし、金融商品取引法の研究会ですので、ぜひ法律的なことを1つ申し上げておきたいと思うのです。

今回、重要情報という概念ができて、インサイダー取引規制の重要事実と微妙な区別が設けられたということが、今後の規制のあり方にどういう影響を及ぼすのだろうかということでありまして、これは多くの海外の機関投資家からも言われるのですけれども、諸外国の法制では、少なくともインサイダー取引規制でいうマテリアルインフォメーションと、フェア・ディスクロージャー・ルールでいうマテリアルインフォメーションの間には区別がない。必ずしもそういうふうに明記されていなかったとしても、区別がないという理解が通説でありまして、したがって、もともとフェア・ディスクロージャー・ルールに違反して伝達されたような情報を仮に機関投資家が入手してしまった場合は、その情報を持っている状態で取引をすると、直ちにインサイダー取引規制違反になるというのが、多くの機関投資家の理解なのです。

それに対して、日本では、そこには差があるという立法になっておりますから、重要事実ではない重要情報というものがあり得るということになっておりまして、そうすると、重要事実ではない重要情報を伝達された機関投資家が、仮にその情報に基づいて取引をしてもインサイダー取引にはならないという理解になるのかなと。でも、それは余りにもおかしいのではないかという感じもします。それはおかしいという考え方に立つと、もはや重要事実という概念を、従来のような限定的な概念にしておく必要はないのではないかということで、例えば一番問題になりました業績予想との乖離に関する軽微基準とか、そういったものはもう要らない、重要情報という概念一本でいいではないかという考え方も、今後出てくる可能性はあるのかなという気もしております。

ただ、この点については、逆に重要情報という概念が不明確過ぎるので、もともと重要事実に限定するべきだったという意見も、特に上場会社の間で強くございますので、なかなか難しい問題ではあるのですけれども、何らかの形でインサイダー取引規制の大きな変化につながる可能性もあるのかなという気がしております。

以上、雑駁でございますが、私の報告はここまでとさせていただきたいと思います。ご清聴どうもありがとうございました。

討　議

神作会長　大崎先生、インタビューの結果等も交えて大変貴重なご報告をしていただき、まことにありがとうございました。それでは、ここから質疑応答に入りたいと思います。どなたからでも結構でございますので、ご質問、ご意見のある方、どうか遠慮なくご発言ください。

中東委員　ご報告いただいた中で、最後の点にも関心を持ちまして、ぜひお教えいただければと思います。7ページの（参考）の表のところで、インサイダー取引あるいはフェア・ディスクロージャー等々で対象情報が変わってくることについて、これで本当にいいのかと疑問を呈されていると理解いたしました。そもそもなぜこういうふうに広い・狭いができてしまったのかについて、どのようなご認識でいらっしゃるのでしょうか。

また、フェア・ディスクロージャーのほうが情報の範囲が広いために、大崎先生もご懸念なさっているように、上場会社としては、情報開示を更に躊躇するようになる感じがします。それについて、どうお考えでしょうか。

大崎報告者　まず、重要事実と重要情報の概念に差ができてしまった理由ですけれども、これは結局、重要事実が軽微基準の範囲に１ミリでも入ると、それは重要事実でないという解釈がそもそも正しいのかという問題なのだろうと思います。

例えばプレビュー取材の過程で、実際に上場企業はどんな対応をとっていたかといいますと、売上高の予想を出していて、それと実際に自分たちが今見通している着地との差が１割の範囲内であったというと、これは重要事実じゃないから、しゃべってしまっても問題がないのだという考え方をどうもとっていたようなのですね。それが本当に正しいかどうかというのは、そういう情報に基づいて取引をして摘発されたインサイダー取引規制違反事案があったわけではないので、誰にもわからないと言えばわからないわけです。

ただ、このフェア・ディスクロージャー・ルール導入のきっかけになった事案に対する、少なくとも金融庁サイドの処理は、証券会社が法人関係情報を適切に管理しなかったという理由で行政処分をするとなっており、その情報をもらった機関投資家をインサイダー取引規制として処分するというふうにはしてないのですね。ということは、実際にこの事案で情報を入手した機関投資家が取引をしたかどうかも事実関係としてはわからないのですが、多分していたのだろうと思うのですが、していたとしても、インサイダー取引ではなかったという理解にどうもなっているようで、その辺が２つの情報ができてしまった理由で、これは果たしてよかったのかというのは、私は非常に疑問に思っています。

それから、情報の発信が減るんじゃないかということについては、今も何度かそうじゃないかなと申し上げましたが、私は少なくとも懸念を非常に強く持っております。多くの会社に、いわゆる重要情報にぴったり合致するようなものでなければ、幾ら質問されて答えてもいいんですよということを言って、それでだんだん良くなっていくのかなと思っておるんですが、もう１つ変な話がございまして、情報を受け取る側が受け取りをちゅうしょし始めているという事実が、アネクドータルではあるのですが、報告されております。

これはある上場会社から聞いたのですが、アナリストがやってきて、資料を渡そうとしたら、「これはホームページに載っているのですか」と聞くのだそうです。「載っていません」と言ったら、「載せてください」と言うのだそうです。どこか知りませんがどこかの証券会社で、「当社では、コンプライアンス上、ホームページに載ってない情報は受け取ってはいけないと言われています」と言ったのだそうです。

ところが、先ほどちょっと申し上げたような話で、上場会社によっては、アナリストには渡してもいいけど、ホームページに載せたくない情報が現実にある。そうすると、その情報をアナリストに渡したらホームページに載せなきゃいけないという話になったら、渡せないという話になるというんですね。特定のアナリストが、自分は受け取りたくないと言って頑張るのは、法律はそんなことを要求してないはずですので、勝手なのですが、そういうやりとりがいろんなところで生まれると、上場会社側も、だったらもう情報を出さないとなりかねないですね。

もう１つ聞いた話では、これもアネクドータルですが、ある運用会社に１on １ミーティングで出かけていろいろ説明していたら、「そこからはしゃべらないでください」と言われて制止されたという話があります。その運用会社も、ここで言う未公表の重要情報に該当しかねない情報を入手することに非常に神経過敏になっていて、せっかく説明しようとしているのを聞きたくないと言う。気をそがれて、上場会社の人はその後の話も弾まなかったらしいのですが、そんなことが各所で起きているという認識でございます。

宮下委員　今の大崎先生の最後のお話は、フェア・ディスクロージャーの導入以前でもインサイダー情報に関しては同じことであるはずですので、仮にその運用会社の方が、フェア・ディスクロージャーの導入によって初めてそのようなことを言うようになったのであれば、ロジカルには理由がよくわからないように思います。

それとは別に、私も、具体的に何が「重要情報」に該当するのかということに関して、少しお考えをお聞かせいただきたいと思います。今後、実務の積み上げで定まっていく部分が多いでしょうし、日本IR協議会のベストプラクティス指針も大変勉強になったのですけれども、解釈の前提として、法律の書き方とガイドラインの文言に関して、どういう関係性になっているのかというところを少しお伺いしたいと思います。

７ページにまとめていただいている表があると思いますが､法律の規定は、括弧書きの前の部分の内容ですね、「投資者の投資判断に重要な影響を及ぼすもの」という表現になっていて、その後の括弧書きのところがガイドラインの内容で､「公表されれば発行者の有価証券の価額に重要な影響を及ぼす蓋然性があるものを含む」となっていて、ガイドラインでは「蓋然性があるもの」という内容が加わっています。「投資者の投資判断」と「有価証券の価額」と、どちらも抽象的な言葉なので、この文言だけで解釈に差異を設けることはできないというか、この文言だけであれば同じような意味にも捉えられるのですけれども、そこに「蓋然性があるもの」が加わっていると、法律の文言よりも対象を広げているようにも見えます。もともと､フェア･ディスクロージャー・ルール・タスクフォースの報告書がこういう書き方をしているのかなと思うのですけれども、タスクフォースにおける議論も含めて、どうしてこういう表現になっているのかというのが１点。

もう１点､「蓋然性があるもの」という表現ですが、蓋然性というのは高いか低いかを表す言葉だと思いますので､「蓋然性が高い」「蓋然性が低い」という表現になるはずで､「蓋然性がある」という表現にそもそも少し違和感があったのです。ここは意味としては「蓋然性が高い」という意味に読むべきなのでしょうか。もしそういう意味であれば、フェア・ディスクロージャーに関する法律の規定の中で「蓋然性の高い」という表現が使われている条文がある中で､ここではなぜ「蓋然性の高い」ではなく､「蓋然性がある」という表現が使われたのか、何かそこに意図があるのかという点が少し気になりました。

大崎報告者　そこはちゃんとお答えできるかどうか自信がないのですが、少なくともタスクフォースでの議論、これはもちろん議事録に出ているはずですので、確認していただければと思うのですが、タスクフォースでの議論では、公表されれば発行者の有価証券の価格に重要な影響を及ぼす蓋然性のところの原案が「可能性」になっていたのですね。これは余りにも広いだろうという指摘が多数の委員から出まして､「蓋然性」という言葉に修正されたという経緯がございます。

もしかすると、もともと原案を考えた人は、「投資判断に影響を及ぼす」というのよりも、「有価証券の価額に重要な影響を及ぼす」というほうが狭いと思っていたのではないかという感じがあります。それはそうですよね。つまり、「投資判断に影響を及ぼす」というのは、今の価格が割高・割安かもしれないという感じを抱かせるというのが、投資判断に影響を及ぼすということなのだろうと思うのですが、「有価証券の価額に影響を及ぼす」ということになりますと、いわゆる効率的市場仮説的に言えば、公表されたら直ちに価格に反映されるようなインパクトのある情報だということになるはずなので、そっちのほうが狭いと考えて、可能性とかいうのでもいいと思ったのかもしれない。それを蓋然性とさらに狭めたので、蓋然性の高い・低いというのでいけば、高いというものに限定されているのかなと思っております。

宮下委員　タスクフォースの議事録を拝見していて、どなたかが「相当の蓋然性がある」という表現にされてはどうかという趣旨のお話をされていて、事務局から「検討します」というような発言があって、結果、タスクフォースの報告書は、単に「蓋然性がある」という表現になっていたので、その後、最終的に報告書の内容を確定させるに当たって、何らかのやりとりがあったのかと思い、ご質問させていただいた次第です。ありがとうございます。

飯田委員　細かい質問かもしれないのですが、重要情報の定義の中の公表されていない、未公表の概念についてですけれども、法律の条文上は、「公表されていない」の「公表」の意味について定義がないように思うのです。要するに４項で出てくるのは、前３項の規定によって公表しなければいけないときの公表の方法について規定がありますけれども、１項の重要情報の定義の中では「公表されていない」とある。ほかの法律の条文ですと、例えば自社株の TOB のときだったら 166 条の定義を引用していますので、それと比べると、これは法人関係情報規制とかなり近い形で立案されたことがわかります。

そこでご質問としては、ウェブサイトに載っていれば直ちに公表されていたことになるのかということで、4項のように重要情報が集約されているとかいう要件が1項の未公表の解釈として必要なのかどうかというのが1点目の質問です。

それと合わせて、FDルールでいうところの意図的でない伝達という概念について、アメリカでしたら、重要でありかつ未公表であることについて認識していたかどうかが問題となると思うのですけれども、日本法ですと必ずしも明確ではないのです。重要情報の定義の中に公表されていないことも含んでいるので、未公表であることについて気がつかずに、うっかり意図せずに伝達してしまったことがあったとすれば、それは意図的でない伝達に該当すると理解してよろしいでしょうかというのが2点目の質問です。

大崎報告者　後者についてはそういうことかなと思っております。

前者のご質問は、私も確かに言われてみるとそうだなと今思った次第でございまして、済みません。確かに4項で言っているのは、公表の方法を定めているだけなので、遡って4項に言う公表がなされていなければ、全部公表されていないと言っていいのかどうかというのは、正直、ちょっとわからないですね。

弥永会長代理　非常に興味深いご報告ありがとうございました。2点ほど質問させていただきたい。

1つは、限定列挙的でなく、軽微基準が定められていない重要情報という概念を使っていることと、10ページに挙げられているように、実効性確保のための措置が非常に緩やかであることとの間には何か結びつきがあるのかという点について、もしご存じでしたら教えていただきたいと思いました。つまり、外延がよくわからないからこそ、公表の指示がされるまでは罰則の対象にもならない、このような選択がなされたのかということが第1のご質問です。

もう1つは、規制の対象となる情報提供者に含まれる者の範囲についてです。8ページでご説明いただいたところでは、「上場会社等又はこれらの役員」というときに、「取締役、会計参与、監査役若しくは執行役又はこれらに準ずる者」と並んでいるのですけれども、ご説明によれば、執行役員等であっても準ずる者に含まれるという解釈は、会社の全般についての業務執行決定とか業務執行の監督を行っていることに着目してなされるのだとすれば、役員といっても、会計参与などは全くそのような立場にはないわけですし、監査役にも情報はある程度入ってくるとは思いますが、情報が入ってくるということは必然的でもない。他の条文においても同様の疑問はあるのですが、役員をひとまとめにするというのが金融商品取引法の規制の一般的な考え方なのだろうかという点について、ご教示いただければと思います。

大崎報告者　まず、最初の点ですけれども、私は当局の意図は類推するしかないのでありますが、確かに外延がやや不明確ということと、実効性確保措置が緩やかであるというのは、少なくとも連動している話であろうと思っております。ただ、非常に緩やかな措置を入れた一番直接的な動機は、こういう規制を課すと、守ることを徹底すると情報を出さないのが一番簡単だという声が非常に強かったので、余り守るということにきゅうきゅうとしないでもらいたいということで、ちょっと迂遠な実効性確保措置をつくったというのが率直なところなのだろうなと思っております。

もう１つの点ですけれども、これはほかのところでも役員はこういう定義になっております。というか、ほかのところでなっているからこう解釈していると言ったほうが正しいですね。ということなので、役員というと、金商法の場合、今ここに列挙されているものはみんな含まれるのですね。じゃない場所はなかったんじゃないかなと思います。でも、確かに会計参与、監査役と、取締役、執行役というのは随分性質が違う感じはいたしますね。というだけのコメントで、済みません。

松井（智）委員　理解不足なのか、正しい質問ができるかわからないのですが、このレギュレーションFDは、私が最初に、多分大崎先生のゼミで勉強しまして、あのときも同じ問題で実質的な開示情報の質量が減るのではないかみたいなご懸念をそのときから示されていたので、同じ問題がまたここで蒸し返されているのだなと思ったのです。今のお話を伺っていると、アナリストの役割というのは、早耳情報で市場が乱高下するのを、ファンダメンタルズとまぜ合わせながら軟着陸させるというような形で会社や市場が使ってきていたのだと考えると、生の情報が市場に出るようになることによって、ボラティリティがアップするのではないかというのがまず１つ目の予想です。

そうすると、もともとそういったことが、ボラティリティが高いであるとか定性的な記述によって左右されやすいスタートアップや中小規模会社により大きい悪影響があるのではないかという予想。それから、もしそうだとすると、そういった会社にとって上場メリットが減少していくのではないかという予想が立つのではないかと何となく思ったのですが、そういうのがただのワイルドゲスなのか、ある程度共通する見解と考えていいのか。

大崎報告者　まず、ボラティリティが高まるのではないかという点については、アメリカで実際にそうなったという実証研究もありますし、日本においても、さっきちょっとはしょっちゃいましたが、プレビュー取材が行政処分のきっかけになったということを受けて、まず証券業協会がプレビュー取材を自粛せよということをいち早く言って、実際にほとんどそういう行動がみられなくなったので。

その後の状況について、あるクオンツアナリストが分析をしていまして、プレビューがなくなってから、明らかに決算発表時の株価のボラティリティが上昇していると。結局、アナリストがこっそり聞いてきたものをレポートに書けないので、アナリストの予想が当たらなくなるのですね。当たらなくなるので、アナリストの予想からどっちへ外れるかということにベットする（賭ける）というポジションをとる人たちがふえる。もちろん上振れ、下振れ両方とる人はいるのですが、当然当たったほうはいいのだけど、外れたほうが慌てて売り戻す、買い戻すというようなことをしたりするので、非常に乱高下するということが現実に日本でも起きている。この状態は少なくともフェア・ディスクロージャーが徹底される限りは続くであろうし、またアナリストが当たりにくいということを前提としたさまざまな投機的行動というのは、別に違法であるとかいうふうにはなかなか言いにくいのですが、そういうことをする人はたくさん出てくるだろうと思われます。

中小企業により悪影響が出るのではないかというご指摘も、ちょうど飯田先生が最近の「ジュリスト」にもちょっと書いてくださっていて、そこにも載っています。実際にアナリストが小規模の会社をカバーしなくなって、結果的に小規模の会社の資本コストが上昇したという実証分析がアメリカにはございまして、日本も同じようなことはあり得るのかなという気がしております。

ただ、この問題で非常に難しいのは、アンフェア・ディスクロージャーは望ましいということを大声で言える人もなかなかいないと思われるのですね。したがって、ディスクロージャーをできるだけフェアにするべきであるとか、情報のアクセスは、例えばIR協議会で使っている言葉を使えば、エクイタブルにするべきである。つまり、できるだけみんな同じ情報を同時に得られるようにするべきであるという原理原則に、けしからぬと言うのもなかなか言いにくいので、どう解決するのか非常に難しいなという気がしています。確かに資本コストが上昇してしまうことになると、逆に今度はプライベート・エクイティ投資が、日本はそれほどではないのですが、アメリカでは非常に活発になっています。上場しなくても、かなり巨額の資金調達や企業成長が可能になってくるという環境が整ってくると、下手に上場するといろんなルールがあってややこしいという考え方をとる人が増えてくる可能性はありますね。

後藤委員　フェア・ディスクロージャー・ルールの議論の過程をちゃんとフォローしていなかったので、お伺いをしたいのですけれども、今日のお話を伺っていると、これを導入しても余りいいことがあるようには何となく思えない。どちらかというと弊害のほうが目立ち得る。それは松井先生がご指摘されたように、大分昔から言われてきたことでもあるわけです。

2015年以降にいろいろな不祥事があったということはそうなのですが、そのときに何でこれを対策として選んだのか。これは大崎先生に伺うべきなのか、むしろ金融庁の方に伺うべきなのかわからないのですが、もし早耳情報を横流ししたのが悪いのであれば、それはインサイダー取引規制の適用範囲、情報受領者の範囲を拡大すれば、その部分についてはカバーできるのに、何で弊害が多いことが大分前から言われているこの手法が選択されたのかというのが非常に気になっています。先ほどからのお話を伺うと、大崎先生は多分そういう趣旨のことを言われたのではないかなと勝手に推測をしているのですけれども、何でこうなっちゃったのだろうかということを、お伺いできればと思います。よろしくお願いします。

大崎報告者　私が知っている範囲で１つ申し上げますと、先ほどプレゼンで申し上げた2015年以降の不祥事とは別に、このようなルールを法令化すべきであるという一種の要望書が出ていたのも事実です。これは公表物にありましたか、そうだとするとまた探らなきゃいけないのですが、少なくとも私が知る限りでは、国際銀行協会という団体が、欧米と同水準のそういうルールをつくれということを金融庁に対して正式に要請をしておりましたので、不祥事だけから出たわけではないのですね。そういうものが必要であるという主張は以前からあったと理解しています。

ところが、やや問題なのは、そのときになぜそのようなルールが必要かということを、海外の機関投資家は、いわゆる早耳報道的なものがあって、彼らが情報を入手する前に株価が変動してしまう。非常に困惑しているので、やめさせろということで要望したというのがあります。ですので、ある意味では報道機関への、彼らから見ればアンフェアな情報伝達を規制すべきだという主張をしたつもりで主張した人は多分いるのではないかなということです。ただ、でき上がったルールはこのようなものであるということであります。

松尾（直）委員　経緯としてはもっとさかのぼった話で、アメリカでFDルールが入ったのは2000年ですよね。その後、2001年にエンロン事件が起きて、サーベンス・オクスリー法が制定された。当時、金融庁国際課でIOSCO（証券監督者国際機構）対応をしていたのですけれども、IOSCOにおいてディスクロージャーに関する検討を行うSC1にエンロン事件対応で特命会合ができて、日本はFDルールを入れているのかと指摘された記憶があります。IOSCO専門委員会が2002年10月に公表した「上場事業体による継続的開示及び重要展開報告に関する原則（Principles for Ongoing Disclosure and Material Development Reporting）」では、「開示の平等取扱い（Equal treatment of disclosure）」が原則の1つとされています。だから、グローバルスタンダードが一体何だという議論はあるとは思うのですが、国際的なスタンダード的なものに日本がちゃんと対応するという考え方は底流にはずっとあります。

端的に言うと、当時、日本でもFDルールを入れようという議論もあったはずですが、経済界が反対するわけです。底流としてFDルールを入れたいという考えが金融行政当局にはずっとあって、実際にはちょっと難しいよねということが続いてきた。スチュワードシップ・コードとかコーポレートガバナンス・コードとかを入れることができて、さらに残った課題であるFDルールが入れられたわけです。個別の行政処分事案というのはその契機として活用されたとみています。もちろんFDルール入れるために行政処分したということではなくて、結果的に行政処分がうまく制度の導入に結実したということでしょう。

だから、私はFDルールに反対ではありませんでした。金融庁関係者から、私やT弁護士が反対しているとか、TMだろうと言われたのですが、それは誤解です。（笑）

大崎報告者　今の点について、触発されて申し上げたいのは、確かにおっしゃったような流れで、もともとグローバルなものに合わせるために必要だというのがあって、スチュワードシップ、コーポレートガバナンス・コードが整備されてきたのでという段取りであるというのは、私は非常によく理解できるのですが、他方で上場企業の方と話していますと、一方でスチュワードシップ・コード、コーポレートガバナンス・コードで機関投資家とできれば1 on 1で突っ込んだ対話をしろという話があり、しかし仮に対話で未公表の重要情報を伝達してしまったら、直ちに公表しなきゃいけないという話になると、積極的に情報を出せと言っているのか、出すなと言っているのかわからぬという受けとめ方も、少なくとも上場企業の現場にはあるという問題はございます。

松尾（直）委員　それは承知しています。

藤田委員　どこから始めていいかわからないのですけど、まずフェア・ディスクロージャー・ルール——日本のこのバージョンであろうが、外国のバージョンであろうが——をとるというのなら、大崎さんが言われた、一般には公にできないけども、アナリストなどを通じて伝わるならいいという種類の情報があり、そういう形のルートでの情報の流出が何らかのメリットがあるとしても、それは捨てるということにならざるを得ないと思うのですね。そう言わないと、このルールは正当化できない。この種の情報が伝えられなくなるという問題は、幾ら運用を工夫したって限界があるわけで、これはできなくても仕方ないという決断をしたと言わざるを得ないのです。

だから、このような情報を伝えることが非常に重要であり、それがないと、たとえばマーケットのボラティリティなんかに悪影響があるというのだったら、全体として世界的に間違った方向の規制をしてしまったと評価せざるを得ないのです。この点は工夫でなんとかしようとか過剰反応を避けようとかいう問題じゃなくて、原理的にこういう情報を伝えることをだめとしたことになると思うのです。そういうベネフィットを捨ててでも、みんなが同時に情報をとることができるという状況はいいのだと判断したのなら、そこについて文句を言うというのは筋違いで、それは犠牲にするという覚悟で入れたと割り切らなければいけない。

その上で、過剰な反応とか、運用の工夫でやるという話は、原理的に捨てなきゃいけないものの外の情報についてだけ当てはまるものです。だからフェア・ディスクロージャー・ルールをとる以上は諦めるべき情報の話か、それとも何とか運用の工夫で対処していきましょうという性格の情報なのかという区別はしっかりしなきゃいけない。それがごっちゃのまま、不満を言ったり、そんなことはありませんよとなだめる説得をしたりしているなと思うことがあります。

次に、松尾さんが言われて、後藤さんがそれに反論された話ですけれども、国際的なグローバルスタンダードというかけ声で入れざるを得ないというストーリー自体は非常によくわかります。そういう例は最近よく目にします。外国は全然違った意味合いを持った条文を、文言上は似ているのだけど全く違った機能を持つ形で導入したという例を見かけます。フェア・ディスクロージャー・ルールがそこまでずれているとも必ずしも思わないのですけども、にもかかわらず入れ方の問題として、例えば情報の範囲が内部者取引の規制対象よりはずっと広い形で導入するというのは、諸外国とも違う導入の仕方ですよね。それはなぜなのかというのは問われてもおかしくないと思うのですね。国際的なグローバルスタンダードというかけ声で入れざるを得なかったのです、という答えではこの点には答えていません。

論理的に言うと、内部者取引規制と同じにするという法制と、フェア・ディスクロージャーのほうが広いという法制とを比較すると、立法の前提が異なることにならざるを得ない。どう違うかというと、内部者取引規制だと足りないところがある穴を埋めるとして、その穴の性格が違うということです。情報が狭過ぎるから内部者取引規制では不十分だという認識がないと、情報のカバーする範囲を増やすことにならないのですけれども、諸外国はそんな認識は恐らくないらしい。情報そのものはほぼ同じなのだけども、内部者取引規制では情報の使い方が限定され過ぎているから、そこを広げましょうと考えている。典型はアメリカの信認義務理論なのでしょうけど、日本だと第２次利用者の行為を除外しているのもこれに当たる。だからそういう発想からは、内部者取引規制で落ちている態様の情報利用方法をカバーできるようにすればいいのだという発想になると思うのですが、日本の新しい法制はそうじゃない決断をして、それがいかなる根拠に基礎づけられているか、そのことがよくわからない。これも原理的な問題です。これは運用でどうこうという話、工夫で何とかしましょうという話じゃなくて、何らかの政策的な決断をしたと言わざるを得ない。それはどういう理由なのかということは、知りたいと思います。

現行法は、内部者情報の規制の対象が狭過ぎるという認識と、規制対象となった行為態様が狭過ぎるという両方を前提にしていることになる。それは本当に諸外国の内部者取引規制と日本の内部者取引規制を対比した上で出てきた結論なのか、それともそうじゃないのか。罰則についても、諸外国でも、内部者取引とフェア・ディスクロージャーで同じくらい差があるのかというのもちょっとよくわからないのですけれども、その辺も合わせて気になるところです。レギュレーションFDの規制について、5ページに書かれているものは、情報の範囲としては内部者取引規制でかぶっている話でしょうから、この程度のものを日本でも押さえればいいと思っているのであれば、あえて情報の範囲を広げたのはなぜかということになります。このように仮にグローバルスタンダードに形だけでもそろえなきゃいけないというプレッシャーがあったのだとしても、それではなお説明できていないところがあって、それはかなり原理的な問題ですので、明確に整理していただければと思います。

大崎報告者　今の点について、私が感じていますのは、軽微基準というものの非合理性ですね。他方で昔の、何年だったかの改正前の軽微基準で、子会社の解散ということについて限定する事由が全くなかったという理由で、株価に影響も及ぼしてないし、誰もそういう情報が大事だとも思わなかった情報が発生したときに、自社株買いをしていた会社がインサイダー取引で課徴金を課せられたという非常に非合理な事案（株式会社小松製作所の株券に係る証券取引法違反に対する課徴金納付命令（平成19年3月30日））が一方にあり、他方に、今回のケースですと、みんなが注目していて、投資判断に大きな影響を与えているんだけれども、非常に形式的に考えている、発表されている業績予想との乖離が1割、3割以内であるという軽微基準に該当するからインサイダー取引じゃないのだという変な説明で、そっちは放置されているということがあったので、その問題を解決するために、軽微基準であっても重要情報になって取り締まることはできるという道をとってしまった、そういうことだと思うんですね。

これはアメリカやヨーロッパでは実質的に考えてマテリアルだという判断で、恐らく子会社の解散のケースはインサイダー取引じゃないということになったでしょうし、利益予想に関する軽微基準のケースはインサイダー取引だということになったのではないかなと私は思っています。

藤田委員　結局やろうとしていることが､内部者取引の対象を適切に変えて、それに合わせてフェア・ディスクロージャー・ルールを導入するということをしないで、法人関係情報規制の延長のようなものをつくって間を埋めた。ただこれは諸外国ではとられなかった方針だとすると、それのマーケットに対する影響というのは、諸外国にない特異な影響が出ていると思うので、そういうところも検討したほうがいいのかもしれませんね。

松尾（直）委員　私は当局じゃないんですけど、今日は元当局として私の理解を申し上げますと、諸外国には法人関係情報規制はなく、インサイダー取引規制があり、実はインサイダー取引として摘発されるのはもっと狭いのですけど、インサイダー取引の未然防止のためにマテリアル･ノンパブリック･インフォメーション（MNPI）で全て管理をしているということと理解しています。

フェア・ディスクロージャーはそんなに勉強してないのですけども、大崎先生の説明だと、その範囲とフェア・ディスクロージャー・ルールが一致しているわけです。日本では、ご承知のとおり、インサイダー取引の未然防止のために導入された法人関係情報規制における法人関係情報の範囲がインサイダー情報よりもっと広い。対象者も、今でいいますと金融商品取引業者等ということで、金融商品取引業者と登録金融機関が対象で、対象者が限定されているということです。

私は日本でFDルールを入れるときに、どういう説明で入れるかなと思っていたのですが、ガイドラインを見ると、「投資者に対する公平な情報開示」の確保とされています。金融審市場WGのFDルールTF報告では「投資者に対する公平かつ適時な情報開示」の確保とされていました。要は、インサイダー取引規制とは切り離して、ディスクロージャー規制として、まさに公平な情報開示をするという趣旨で入れたという説明です。

条文の書き振りについては、法案提出時に条文を見たときに、当局に「これは法人関係情報とほぼ同じで、えらい広いじゃないか。おかしいじゃないか」と言いましたら、「いやいや、ガイドラインで絞りますから」という説明で、大崎先生の７ページの括弧が入っている。これは法人関係情報よりも狭いであろうというパブコメ回答が出ているだけですね。

法人関係情報より狭いということは、確定的な決算情報にかかわるということなのですが、パブコメ回答を見ると、確定的じゃない、将来の計画に関する数字みたいなものも当たり得るような説明の仕方をしていて、おかしいのじゃないかと思っています。

もともとこれは説明でしかなく、法律の条文は法人関係情報並みに広く捉えることができます。条文に確定的な決算情報と書いてないですから。法的拘束力のない説明でしかなくて、その説明がさらにパブコメ回答という説明によって何か拡張的になっていて、一体どうなっているのだということを言いたいです。この辺、大崎先生の考えもお伺いしたいのです。もともと条文は広いので、解釈で広げることは可能なのです。

もう１つは、アナリストとの関係で、私の聞いている範囲では、証券界の通説的な理解では、議論になっていた、例えば月次売り上げの数字、あれは法人関係情報でもないという運用なのです。私はそう理解しています。もちろん、月次の売り上げでも、四半期の最後の数字は確定的な決算情報になり得るかもしれないのですけれども、基本的には法人関係情報ではないと取り扱うのが実務です。とすると、当然フェア・ディスクロージャー・ルールの対象である重要情報でも基本的にない。ですから、それはアナリストに提供しても構わないと理解しているということをこの場で申し上げておきたいです。

神作会長　今の松尾さんに対して、コメントはよろしいですか。

私から発言させてください。グローバルなキャピタル・マーケットでフェア・ディスクロージャー・ルールがあるというのはおっしゃるとおりだと思いますけど、大きく２つのタイプがあると理解しています。アメリカはインサイダー取引規制に引き寄せていて、EU は松尾さんが指摘された日本のたてつけと明らかに似ているのですけど、明らかに開示規制として位置づけています。

私の理解では、アメリカで FD ルールが入ったきっかけは、SEC がある案件を内部者取引規制として摘発しようとしたところ、裁判で争われ、裁判所は、情報提供者には経済的利益がないということで、未公表の重要事実かどうかという要件ではなく、経済的利得があることという内部者取引の別の要件を充足していないと判示しました。その事件を契機に SEC が 2000 年に FD ルールを策定しました。つまり、米国の場合は、FD ルールは明らかにインサイダー取引規制の延長という面があると思いますが、EU は未公表重要事実を速やかに開示すべきであるという開示規制として位置づけています。私も、フェア・ディスクロージャー・ルールを日本に導入する場合、開示規制として位置付けるのか不公正行為規制として位置づけるのか関心を持っていたのですが、金融商品取引法は FD ルールを開示規制として位置づけたわけです。

私のご質問は、むしろ EU 型のように、重要な事実があれば開示をする義務を発行者に課すというルールにして、誰かに伝えたときに、同時または速やかに開示しなければならないというルールではなくて、端的に未公表の重要な事実があったら速やかに開示することを原則にする。このようなルールですと、大崎さんの今日のプレゼンテーションからすると、より良いルールといえるのか、それともさらに大きな弊害が出てくるのでしょうか。

大崎報告者　私は余り文化論はやりたくはないのですけれども、日本企業の多くは、とにかく事前に範囲を確定してほしいという気持ちが非常に強いものですから、重要情報は全部、事前に開示をしなければいけないとすると、開示しなければいけない情報の範囲が非常に広くなると考えて、余りにも開示実務が煩雑になるよという受けとめが多くなるのかなという気がします。その場合は、今度は重要情報として開示しなければいけないものを列挙してくれとかいう要請がどんどん出て、かえって収拾がつかなくなるような感じもあります。

というのは、例えば今ちょっと問題になっています、売り上げと利益の予想に関する１割、３割ルールの問題なのですけれども、多くの企業に聞きますと、実は軽微基準があるということは彼らの実務にとっては非常にいいことになっている。つまり､例えば売り上げで５％くらいずれが出そうだとか、あるいは利益で言うと２割くらいまでのずれになりそうだというときは、そういう認識を持っても、重要事実ではないから開示しないのだという対応をとっているのですね。それが、重要情報が生じたら直ちに開示をしろという話になると、そういう認識を持ったら直ちに開示をするのかという話になるのですが、そうすると業績予想の上方修正や下方修正を頻繁に繰り返すことになりますね。それが果たしていいのかみたいな問題も出てくる難しさがあるなと、本当に感想ですけど、そのような感じがいたします。

宮下委員　今の、重要情報が出てきた場合に直ちに開示してくださいというルールは、それに近いものとしては、金融商品取引所の適時開示が存在しているわけですね。もっとも、適時開示をしなければならない事由自体は、インサイダー取引規制の「重要事実」の内容とほとんど一致しているのですけれども、捉えるタイミングが全然違っています。適時開示のほうは、会社が機関決定したら開示することになっていますが、インサイダー取引規制における「重要事実」の「決定」のタイミングは、それよりも相当早い段階で認定するのが通常です。仮に、インサイダー取引規制の「重要事実」が生じたタイミングと同じタイミングで開示しなければならないというルールになると、実務に対する影響は非常に大きいのではないかと思います。

ここは私が全然理解してないところなのですけど、EU で重要情報が生じた場合には直ちに開示してくださいというルールになっているとした場合、それは、日本で言うところのインサイダー取引規制の「決定」のタイミングよりはずっと遅いタイミングで重要情報が生じたものと捉えているのでしょうか。

大崎報告者　その点については、私の理解では、欧州はそんな遅いタイミングではおくれていると解釈されている。ただ、事前に何か決めているというよりは、事後的に例えば会長人事についての開示が遅かったと言われてもめているとか、そんなケースが多々ありますね。実質的に決められる人が後継者指名の意向を固めた段階で公表すべきだったということを機関投資家が主張して訴訟になったなんてケースも、実際にあるのです。

宮下委員　日本の実務上、重要事実の「決定」は、実質的な意思決定機関が、会社の業務として検討作業を開始することを決定した時点で認められると解されています。そのため、そのようなタイミングで開示していると、企業戦略上の理由から秘密裡に検討するといったこともできないような状況になるので、インサイダー取引規制における重要事実が生じたタイミングで開示するというのは、今の日本の実務にはなかなかなじみづらいのかなという感じがしました。

大崎報告者　それでちょっと思い出したのですが、もう１点補足しなきゃいけないのは、ヨーロッパの場合はマーケット・アビューズ・レギュレーションで、開示義務が発生しても開示をおくらせることを当局に届け出れば可能なので。だから、例えばさっきおっしゃったＭ＆Ａなんかの決定については、もし決定とされるタイミングが早かったとしても、内々決定したのだけど開示しないということを届け出ればいいんですね。届けてないとまずいということなのです。

宮下委員　そうであるとすると、日本の場合、適時開示の項目自体に該当する場合、すべからく届け出るような状態になるのではないかなという気がします。Ｍ＆Ａに限らず、会社の実質的な意思決定機関が、会社の業務として検討作業を開始することを決定するタイミングは、正式に機関決定するタイミングよりも常に相当早いと思いますので、そのタイミングでの開示を避けるために、常に届出を行うということになってしまうのかなという感じがします。

小出委員　全然わかってないので、基本的なことを２つ聞かせていただきます。

１つは、もうさんざん議論されたことかもしれませんけど、２ページの「ルール導入の背景」というところについて、先ほどの後藤さんのご指摘と関係するかもしれないのですが、日本の実態として、FD ルールに反することになるような慣行はこれまでなかったと理解していいのでしょうか。今後そのようなことがあるかもしれないので、予防的に規制をかけたという理解でよいのか。プレビュー取材なんかの問題はもちろんあったと思うのですけど、これは既にもう自主規制レベルではありますけれども対応をとられているとのことでしたので。

同じく２ページの２段目に、アメリカであったようなアナリストと上場企業の癒着というのも、日本では問題として顕在化はしてこなかったから、そのような癒着というものもなかったと思われていたと書かれているのですけれども、これまでの実務の中で、今度の FD ルールがもしあったらそれに反することになるだろうという実態はあったのでしょうか。これが１つ目の質問です。

もう１つは、４ページのアメリカでのルール化の背景というところで、２段目にアナリストと上場企業が癒着していたというご指摘があり、１つ目の黒ポツで、アナリストの作成した予想に対して密室でコメントすることによって市場のコンセンサスを誘導したとされているのですが、これは本当に市場をゆがめているのでしょうか。むしろ正しい情報をこういった行動を通じてマーケットに出していたのだと思うのですね。なので、果たしてこれが本当によくないことなのか。

それとの関係で５ページに違反事例でいろいろ並んでいるのですが、下から３つ目、アナリスト 18 人に対して経済情勢の厳しさや既に公表した情報のネガティブな内容について注意を喚起したと。このレベルでもレギュレーションに触れて違反するという事例があったということなのですけれども、これは果たして本当に悪いことなのかが私はよくわからない。もし日本でこういうことが起こった場合は、新しいレギュレーション、フェア・ディスクロージャー・ルールに反すると考えられることになるのでしょうか。

２つ、違う質問ですけれども、以上でございます。

大崎報告者　最初のご質問に関しては、まず１つ、プレビューというのはかつてあったというのと、もう１つは、これはいろんな評価があると思うのですが、海外の機関投資家の言葉をかりれば、日経プレビューと言われるものは現在もあると言われている。少なくとも３月下旬あたりの新聞なんかを幾つか思い起こしていただければ、それらしき記事があったよなということもあるかと思います。もちろんそれがいいのか悪いのかとかいう問題はちょっとおいておいてですね。

もう１つの点ですが、これもマーケットはどのようにあるべきかということなんだと思うのです。アナリストから情報を得られる人が万人であれば、確かにアナリストに伝えて、それで全体に伝えるというのが別に問題ではないということになると思うんですね。要するに間を通すだけですので。ところが、アナリストが機関投資家に情報を提供するというのを職業的な義務にしているという中では、結局アナリストに情報を伝えると、個人より先に機関投資家に伝わっちゃうということがあるものですから。そうすると、だんだん正しい情報が浸透していくという意味で、例えば株価が収斂していくわけですけど、そうすると最初に気がついて、収斂する落ちつき先をターゲットにしたポジションをとった人のほうが儲けが大きくなっちゃいますね。このことをどう評価するかという問題があるわけで、実際、素朴な実感として株価がだんだん落ちつくのはいいことじゃないかとおっしゃる方は結構多いのですよ。でも、誰かだけが得をしちゃいけないという話からすると、株価が急変してみんなが損をしたり得をしたりするほうが正しいのだという理解になるんですね。つまり、短期的なボラティリティが非常に高いというのは正しいマーケットだと考えられるのですが、そう考えるかどうかという問題かなと思っています。

私は報道の問題も同じような話だと思っていまして、報道の方からすれば、自分たちが報じている情報は万人に向けられたものだから、新聞に載せたことで市場全体に伝わったのだから、それで情報は公平に伝達されたんだと多分おっしゃりたいんだと思うんですね。でも、現実には、私は日本語の新聞は読んでないので損をしたとか主張している人がいることをどう考えるのかという問題になっているのだと思います。

尾崎委員　不勉強で申し訳ございませんが、解説とか見ればわかる話なのかもしれないのですけど、１つお伺いしたいのは、公表の指示等というのがエンフォースとして予定されていると思うのです。対象が重要情報を公表すべきであると認められるものという書き方をしているのですが、具体的にどういう人を指しているのか。会社以外の人に対して指示をするというのがどういうことなのかということと、公表その他の適切な措置の、「適切な措置」というのはどういうことを考えているのかというのがよくわからないので、教えていただければと思います。

話は変わりますけれども、重要事実や重要情報との関係で、インサイダー取引との関係の話をされていたと思うのですが公表のあり方というのは、インサイダー取引との関係で何か考えないといけないことが出てくるのかということを教えていただければと思います。

大崎報告者　公表すべきであると認められる者が誰かは、基本的には発行者であろうと思われるのですが。ほかのケースが想定されているのかどうかというのは、何とも申し上げられないですね。

重要情報の公表その他の適切な措置も、特に何も定めがなかったと思いますので、それだけに限定しちゃうと逃げ道がなくなるということで、その他の措置というのを入れているだけなのかなと思っています。

インサイダー取引との関係で言うと、私の勝手な感想は、インサイダー取引規制における公表概念もこちらの公表概念に合わせてもよろしいのではないかなんて思っているのですが、これはいろんな意見があるのかなと思います。

松尾（直）委員　理念的なことをお伺いしたいんですけど、先ほど、日経新聞の報道とかで市場の価格が少しずつ織り込まれるのはいいことだと。それというのは、考え方としては効率的市場仮説みたいなものですね。日本のFDルールは、先ほど申し上げましたように公平性を言っていて、効率性とは時にはトレードオフになり得る関係にある価値判断のもとに導入されていると思われます。公正もそうですけど。これは金商法の目的論の関係があって、最近、「商事法務」の金商法コンメンタール第1巻の改訂をやるので考えているのです。1条の目的規定を担当していますので。

ちょっとお伺いしたいのは、アメリカのFDルールはどういう理念に基づくのか。あるいは、神作先生がおっしゃっていたヨーロッパ型のFDルール的なものについては、効率性をちょっと犠牲にしてでも公正性。経済学的に説明すれば、公正性を犠牲にすれば流動性が下がるから、効率性も維持できないという考え方になるのかもしれませんけど、そういう説明はあるのですよね。アメリカとかヨーロッパの理念みたいなものは、日本と同じような発想なのか、それともちょっと違うのかというところをお伺いしたいのですが。

大崎報告者　アメリカも、確かにインサイダー取引の防止の延長としてのフェア・ディスクロージャー・ルールではあるのですけど、やっぱり情報の公平性を確保する。公正な情報の出し方という考えに立脚しているのではないかなと思います。ヨーロッパは明らかに情報の公平性を確保するということですね。

効率性が犠牲になるかどうかなんですが、効率的市場仮説なんかで言う効率性というのは、情報がどのタイミングで価格に反映されるかを論じているので、情報が出てなければ価格に反映されない。出た後、どのくらいのタイミング、どのくらいの短さで反映されるかが効率的かどうかということだと思いますので、公平に開示するからこそ、効率性も上がるという考え方は十分成り立ち得るのかなと思うのですね。効率的市場ということから言えば、徐々に価格が収斂していく市場は効率的ではないですよね。

神作会長　ほかにいかがでしょうか。特にまだご発言されてない方、よろしゅうございますか。

もしよろしければ、ご議論が尽きないところではございますけれども、時間となりましたので、本日の研究会の質疑を終了させていただきます。

大崎先生、まことにありがとうございました。

なお、次回の研究会は、お手元の議事次第に記載してございますように、６月28日の午後２時から、飯田委員よりご報告いただく予定でございます。どうかよろしくお願いいたします。

それでは、本日の研究会はこれで閉会とさせていただきます。

野村総合研究所

フェア・ディスクロージャー・ルールについて

2018年　4月

野村総合研究所未来創発センター　フェロー
東京大学　客員教授

大崎　貞和
s-oosaki@nri.co.jp

〒100-0004
東京都千代田区大手町1-9-2 大手町ﾌｨﾅﾝｼｬﾙｼﾃｨ ｸﾞﾗﾝｷｭｰﾌﾞ

フェア・ディスクロージャー・ルールの導入

■2016年12月のタスクフォース報告を受けて金融商品取引法改正案提出。2017年5月成立。10月、内閣府令案、ガイドライン案公表。12月内閣府令公布、2018年1月ガイドライン確定、4月施行。

■金商法27条の36（新設）：

①上場株券等の発行者、上場投資法人の資産運用会社またはこれらの役員、代理人、もしくは使用人その他の従業者が、「取引関係者」に重要情報の伝達を行う場合には守秘義務と取引しない義務がない限り、当該重要情報の公表が必要。

②伝達者が重要情報であることを知らなかった場合または同時公表が困難な場合（内閣府令で指定）には、取引関係者への伝達が行われたことを知った後、速やかに、当該重要情報の公表が求められる。

③守秘義務違反が生じたことを知った場合も同じ。

④公表は内閣府令で定めるところによりインターネットの利用等で行う。

■27条の37（新設）：

- 重要情報の公表者もしくは公表すべきである者等への報告聴取、検査について規定。

■27条の38（新設）：

- 公表されるべき重要情報が公表されていない場合の公表指示等について規定。

■205条（改正）：

- 報告聴取に対する虚偽報告や検査忌避、公表指示に従わない者への命令への違反に関する罰則。6ヵ月以下の懲役もしくは50万円以下の罰金またはその併科。

ルール導入の背景

■米国では2000年にフェア・ディスクロージャー・ルールをSECが規則化。欧州でも制度化。

■2000年代初めの日本では、フェア・ディスクロージャー・ルールの法制化は見送られた。

- 日本では適時開示規則が開示の遅延を認めていないので、フェア・ディスクロージャーは義務付けられているとの見方があった。
- 米国で問題視されたようなアナリストと上場企業の癒着は顕在化していなかったが、日本証券業協会の自主規制規則で、アナリスト・レポートについて一定の規制が設けられた。

■2015年12月以降、複数の証券会社に対する行政処分事案で、証券会社のアナリストが選択的に開示を受けた未公表の重要情報を用いて機関投資家を勧誘したことが問題視された。

- 多くの証券会社が不祥事の発端となった「プレビュー取材」を自粛。
- 2016年9月に施行された日本証券業協会のガイドラインでは「プレビュー取材」を事実上禁止。

（参考）欧米におけるフェア・ディスクロージャー・ルール

欧米におけるフェア・ディスクロージャー・ルール

	米国	欧州
規制根拠	レギュレーション FD（SEC 規則）	EU 市場阻害行為規則
規制の対象となる情報	未公表の重要情報	未公表の内部情報（合理的な投資家が投資判断に利用するものと思われ、証券価格に重要な影響を及ぼすような情報）
選択的開示を禁じられる者	上場会社等、その役員、市場のプロフェッショナルや株主と日常的に接触する従業員など	証券発行者
選択的開示を禁じられる相手方	ブローカー・ディーラー（証券会社）、投資顧問会社や機関投資家のファンドマネジャー、投資会社（投資信託）、証券を売買することが合理的に予想される者など	アナリスト、従業員、格付機関、金融機関、主要株主その他の第三者（報道機関を含むものと解釈されている）
主要な適用除外	弁護士、投資銀行社員、会計士など信認義務を負う者や守秘義務契約を結んだ者など	守秘義務の対象情報などをアドバイザー、交渉相手、労働組合、官庁、主要株主、銀行、格付機関等に選択的に開示することは許容される
特記事項	報道機関に対する開示は、証券を売買することが合理的に予想されないため、許容される	守秘義務の対象情報などは公表時期を遅らせることが可能

（出所）各種資料より作成。

米国におけるルール化の背景

■インターネットの利用拡大で、情報の公平性に関する捉え方が変化した。

- 一部の投資家だけがいち早く知った情報に基づいて株式等を売買することは不公平だという考え方は当然だが、かつては現実に利用できる情報入手手段に投資家間で大きな格差があり、情報発信者に厳格な公平性を求めることは現実的ではなかった。

■証券会社のアナリストの発信する情報が、上場企業との癒着によって歪められるとの懸念があった。

- ほとんどの上場企業は業績予想を開示せず、アナリストの作成した予想に対して密室でコメントすることで市場のコンセンサスを誘導しようとしていた。
- アナリスト側は丁寧なコメントをもらうためには企業に好意的なレポートを書く必要があるとのプレッシャーにさらされた。

■証券会社のアナリストを介してインサイダー情報を入手した者による取引が違法なインサイダー取引とはならない可能性が明らかになった。

- 1983年のダークス事件最高裁判決では、アナリストからインサイダー情報を入手した場合であっても、情報伝達に関わったアナリストが、情報源となった会社関係者が信認義務(fiduciary duties)に反して当該情報をアナリストに漏らしたことを知っていたか知るべきであった場合にのみ、違法なインサイダー取引が成立するとの判断が示された。

（参考）米国レギュレーションFDの違反事例

■CEOがファンドマネジャーとのカンファレンスコールで自社のセキュリティ・ソフトウェアが大手ネットワーク会社に採用されることとなり契約を締結したと漏らした。その後、問い合わせに対して、契約の存在を認めた。

■CEOが証券会社主催の企業説明会で一般に公表していた業績見通しよりも楽観的な見通しを語った。IR担当者は、説明会が非公開であることについて注意喚起を怠った。

■CFOが業績予想の市場コンセンサスが高めになっていると考え、複数のアナリストに「予想が強気過ぎる」といったコメントを行った。

■CFOが自宅からアナリストに電子メールを送り、業績が公表されている予想よりも悪くなりそうだとの見通しを伝達した。

■CEOが業績予想の下方修正公表前日に、特定の投資運用会社にその事実を伝達した。

■CEOとCFOが市場コンセンサスが強気過ぎると考え、アナリスト18人に経済情勢の厳しさや自社の公表情報のネガティブな内容について注意を喚起するコメントを行った。

■優先出資証券償還の事実が、パスワード保護のかかったウェブサイト上で閲覧可能となっており、公表されていなかった。

■あるプロジェクトへの連邦政府保証申請が却下されたという事実の公表前に、複数のアナリストや投資家に対して、他のプロジェクトよりも認められる可能性は低いとコメントした。

フェア・ディスクロージャー・ルールの構造

■規制の対象となる情報

- 当該上場会社等の運営、業務又は財産に関する公表されていない重要な情報であって、投資者の投資判断に重要な影響を及ぼすもの（重要情報）。
- ガイドラインでは、当面、インサイダー取引規制における「重要事実」のほか、「決算情報（年度または四半期の決算に係る確定的な財務情報）であって、有価証券の価額に重要な影響を与える情報」は重要情報として管理すべきとする。
  - 「有価証券の価額に重要な影響を与える」かどうかが判断できない場合、確定的な決算情報を全て重要情報として管理する。
  - 但し、諸外国のルールも念頭に、何が有価証券の価額に重要な影響を及ぼし得る情報か独自の基準を設けてIR実務を行っているグローバル企業は、その基準を用いて管理する。
- ここでいう「決算情報」には、定量的情報のみならず「増収見込み」といった定性情報も該当する。
- 中長期的な企業戦略・計画等に関する経営者との議論の中で交わされる情報は、一般的にはそれ自体で重要情報には該当しない。但し、中期経営計画の内容として公表を予定する利益に関する具体的計画内容などは該当し得る。
- 既に公表した情報の詳細な内訳や補足説明、公表済みの業績予想の前提となった経済動向の見込みは通常該当しないが、契約済みの為替予約レートの数値のように、その後の実体経済の数値と比較することで容易に業績変化が予測できる情報は該当し得る。
- 工場見学や事業説明会で一般に提供される情報など、他の情報と組み合わせることで活用できる「モザイク情報」は、それ自体では重要情報に該当しない。

（参考）「重要情報」と重要事実、法人関係情報

規制	対象情報
インサイダー取引規制（バスケット条項）	• 上場会社等の運営、業務又は財産に関する重要な事実であって投資者の投資判断に著しい影響を及ぼすもの
フェア・ディスクロージャー・ルール	• 上場会社等の運営、業務又は財産に関する公表されていない重要な情報であって、投資者の投資判断に重要な影響を及ぼすもの（インサイダー取引規制における重要事実に該当する情報以外の情報のうち、発行者または金融商品に関係する未公表の確定的な情報であって、公表されれば発行者の有価証券の価額に重要な影響を及ぼす蓋然性があるものを含む）
法人関係情報規制	• 上場会社等の運営、業務又は財産に関する公表されていない重要な情報であって顧客の投資判断に影響を及ぼすと認められるもの

- 決算情報以外のインサイダー取引規制の対象となり得る情報（組織再編など）であっても、軽微基準に該当し「重要事実」にならない情報は当面、重要情報として管理しないことが考えられる。また、事故や災害などの事象についても、それによる損害額が軽微基準を超えない場合、バスケット条項に該当しなければ重要情報には該当しない。

■規制の対象となる情報提供者

- 上場会社等又はこれらの役員（取締役、会計参与、監査役若しくは執行役又はこれらに準ずる者）。
    - 執行役員等であっても、会社の全般についての業務執行決定及び業務執行の監督を行う取締役会の一員である取締役とほぼ同等の地位や権限が与えられているとは言えないような場合には、「これらに準ずる者」には含まれないものと考えられる。
- 上場会社等の代理人若しくは使用人その他の従業者であって「取引関係者」に情報を伝達する職務を行うこととされている者。
    - 具体的にはIR部門の社員などが該当。派遣社員、パート社員なども該当する。

■規制の対象となる情報受領者（取引関係者）

- 金融商品取引業者、登録金融機関、信用格付業者若しくは投資法人その他の内閣府令で定める者又はこれらの役員等（重要情報の適切な管理のための必要な措置が講じられている場合に金融商品取引業に係る業務に従事していない者とされる者は含まれない）。
  - 与信業務従事者等は含まれない。金融機関に勤めていない独立アナリストも含まれる。
- 投資者に対する広報に係る業務に関して重要情報の伝達を受け、有価証券等の売買等を行う蓋然性の高い者として内閣府令で定める者
  - 上場有価証券等の保有者（株主）、適格機関投資家（金融商品取引業に係る業務に従事していない者）、有価証券投資を主たる目的とする法人等、投資家向け情報提供会合への出席者（但し、出席時のみ）などが挙げられている。
  - 報道関係者は有価証券等の売買等を行う蓋然性が高いとは言えないので規制対象に含まれない。但し、報道関係者が投資家向け情報提供会合に出席しており、その場で重要情報の伝達が行われた場合には、当該伝達はFDルール違反となる。

■守秘義務及び投資判断に利用しない義務を負う者へ伝達した情報は公表不要。

- 但し、伝達を受けた者が、義務に反して他の取引関係者に情報を漏洩した場合は、公表が必要。

■情報の公表方法

- 臨時報告書の提出。
- 2以上の報道機関に情報を公開してから12時間経過。
- 取引所の適時開示システム（TDnet）への通知。
- 自社ホームページへの掲載（重要情報を集約し、掲載時から1年以上閲覧可にする必要）。

■実効性確保のための措置

- 未公表の「重要情報」を伝達する場合には同時公表が原則（つまり未公表の「重要情報」の伝達は原則不可）。役員等が取引関係者に意図せず重要情報を伝達した場合は、同時公表が困難な場合に該当する。
- 公表されるべき重要情報が公表されていない場合には、公表の「指示」が行われる。
- 正当な理由がないのに指示に従わない者に対しては、公表命令が出される。
- 公表命令に従わない者は、6ヵ月以下の懲役若しくは50万円以下の罰金又はその併科。
  - ・インサイダー取引規制（5年以下の懲役等）に比べると刑罰は軽い。

（参考）日本IR協議会のベストプラクティス指針

- 上場企業のIR担当者、金融機関の実務家、法律家等による研究会での議論を経て、2017年11月提案。
- フェア・ディスクロージャー・ルールへの対応のみを取り上げたものではないが、ルール導入を機に適切な開示と投資家との建設的な対話を促す観点から策定。
- 四つの基本原則

① 法令に基づく一貫した情報開示姿勢：FDルールの目的を理解し、ルールが定める「取引関係者」に伝達された重要情報は同時または速やかに公表すること。

② 建設的対話の促進：情報を積極的に開示し、機関投資家・アナリスト等への説明を充実させて建設的対話を促進すること。

③ 情報アクセスの公平性向上（エクイタブル・アクセス）：機関投資家、アナリスト、個人投資家、市場関係者等の間の情報アクセスの公平性に努めること。

④ 情報開示方針（ディスクロージャー・ポリシー）の策定：自社のコーポレート・ガバナンス推進の一環として「ディスクロージャー・ポリシー」を策定し、適切な行動のための指針とすること。

今後の課題

- ■上場企業が、ルール違反を過度に恐れない姿勢を貫き、投資家との積極的な対話に努めることができるか。
- ■上場企業による自主的な開示情報の質・量の充実につながるか。
  - ●一部ではこれまで自主的に開示してきた情報の提供を取り止めるといった実状もある。
  - ●アナリストだけに提供してきた情報をホームページに掲載することについては、同業他社に伝わることを警戒する反対意見も根強い。
- ■「早耳情報」でないアナリスト情報の提供により、投資情報の質の向上と株価形成の効率化につながるか。
  - ●アナリストが「原点回帰」を図ろうとしても、証券会社への手数料や情報料という形でコストをサポートする投資家が増えなければ、アナリストが削減されるだけ。
- ■限定列挙的でない「重要情報」概念の定着が、インサイダー取引規制の見直しにつながるか。

金融商品取引法研究会名簿

（平成 30 年 4 月 12 日現在）

会長	神作裕之	東京大学大学院法学政治学研究科教授
会長代理	弥永真生	筑波大学ビジネスサイエンス系 ビジネス科学研究科教授
委員	飯田秀総	東京大学大学院法学政治学研究科准教授
〃	大崎貞和	野村総合研究所未来創発センターフェロー
〃	尾崎悠一	首都大学東京大学院法学政治学研究科 法学政治学専攻准教授
〃	加藤貴仁	東京大学大学院法学政治学研究科准教授
〃	河村賢治	立教大学大学院法務研究科教授
〃	小出篤	学習院大学法学部教授
〃	後藤元	東京大学大学院法学政治学研究科准教授
〃	武井一浩	西村あさひ法律事務所パートナー弁護士
〃	中東正文	名古屋大学大学院法学研究科教授
〃	藤田友敬	東京大学大学院法学政治学研究科教授
〃	松井智予	上智大学大学院法学研究科教授
〃	松井秀征	立教大学法学部教授
〃	松尾健一	大阪大学大学院高等司法研究科准教授
〃	松尾直彦	東京大学大学院法学政治学研究科客員教授・弁護士
〃	宮下央	ＴＭＩ総合法律事務所弁護士
オブザーバー	小森卓郎	金融庁総務企画局市場課長
〃	岸田吉史	野村ホールディングスグループ法務部長
〃	森忠之	大和証券グループ本社経営企画部担当部長兼法務課長
〃	鎌塚正人	ＳＭＢＣ日興証券法務部長
〃	陶山健二	みずほ証券法務部長
〃	本井孝洋	三菱ＵＦＪモルガン・スタンレー証券法務部長
〃	山内公明	日本証券業協会常務執行役自主規制本部長
〃	石黒淳史	日本証券業協会政策本部共同本部長
〃	山本悟	日本証券業協会自主規制企画部長
〃	塚﨑由寛	日本取引所グループ総務部法務グループ課長
研究所	増井喜一郎	日本証券経済研究所理事長
〃	大前忠	日本証券経済研究所常務理事

（敬称略）

［参考］ 既に公表した「金融商品取引法研究会（証券取引法研究会）研究記録」

第１号「裁判外紛争処理制度の構築と問題点」　2003年11月
報告者　森田章同志社大学教授

第２号「システム障害と損失補償問題」　2004年１月
報告者　山下友信東京大学教授

第３号「会社法の大改正と証券規制への影響」　2004年３月
報告者　前田雅弘京都大学教授

第４号「証券化の進展に伴う諸問題(倒産隔離の明確化等)」　2004年６月
報告者　浜田道代名古屋大学教授

第５号「EUにおける資本市場法の統合の動向
—投資商品、証券業務の範囲を中心として—」　2005年７月
報告者　神作裕之東京大学教授

第６号「近時の企業情報開示を巡る課題
—実効性確保の観点を中心に—」　2005年７月
報告者　山田剛志新潟大学助教授

第７号「プロ・アマ投資者の区分—金融商品・
販売方法等の変化に伴うリテール規制の再編—」　2005年９月
報告者　青木浩子千葉大学助教授

第８号「目論見書制度の改革」　2005年11月
報告者　黒沼悦郎早稲田大学教授

第９号「投資サービス法(仮称)について」　2005年11月
報告者　三井秀範金融庁総務企画局市場課長
松尾直彦金融庁総務企画局
投資サービス法(仮称)法令準備室長

第10号「委任状勧誘に関する実務上の諸問題
—委任状争奪戦（proxy fight）の文脈を中心に—」　2005年11月
報告者　太田洋 西村ときわ法律事務所パートナー・弁護士

第11号「集団投資スキームに関する規制について
—組合型ファンドを中心に—」　2005年12月
報告者　中村聡 森・濱田松本法律事務所パートナー・弁護士

第12号「証券仲介業」　2006年３月
報告者　川口恭弘同志社大学教授

第 13 号「敵対的買収に関する法規制」 2006 年 5 月
報告者　中東正文名古屋大学教授

第 14 号「証券アナリスト規制と強制情報開示・不公正取引規制」 2006 年 7 月
報告者　戸田暁京都大学助教授

第 15 号「新会社法のもとでの株式買取請求権制度」 2006 年 9 月
報告者　藤田友敬東京大学教授

第 16 号「証券取引法改正に係る政令等について」 2006 年 12 月
（ＴＯＢ、大量保有報告関係、内部統制報告関係）
報告者　池田唯一　金融庁総務企画局企業開示課長

第 17 号「間接保有証券に関するユニドロア条約策定作業の状況」 2007 年 5 月
報告者　神田秀樹　東京大学大学院法学政治学研究科教授

第 18 号「金融商品取引法の政令・内閣府令について」 2007 年 6 月
報告者　三井秀範　金融庁総務企画局市場課長

第 19 号「特定投資家・一般投資家について―自主規制業務を中心に―」 2007 年 9 月
報告者　青木浩子　千葉大学大学院専門法務研究科教授

第 20 号「金融商品取引所について」 2007 年 10 月
報告者　前田雅弘　京都大学大学院法学研究科教授

第 21 号「不公正取引について－村上ファンド事件を中心に－」 2008 年 1 月
報告者　太田 洋 西村あさひ法律事務所パートナー・弁護士

第 22 号「大量保有報告制度」 2008 年 3 月
報告者　神作裕之　東京大学大学院法学政治学研究科教授

第 23 号「開示制度（Ⅰ）―企業再編成に係る開示制度および集団投資スキーム持分等の開示制度―」 2008 年 4 月
報告者　川口恭弘 同志社大学大学院法学研究科教授

第 24 号「開示制度（Ⅱ）―確認書、内部統制報告書、四半期報告書―」 2008 年 7 月
報告者　戸田　暁　京都大学大学院法学研究科准教授

第 25 号「有価証券の範囲」 2008 年 7 月
報告者　藤田友敬　東京大学大学院法学政治学研究科教授

第 26 号「民事責任規定・エンフォースメント」 2008 年 10 月
報告者　近藤光男　神戸大学大学院法学研究科教授

第 27 号「金融機関による説明義務・適合性の原則と金融商品販売法」 2009 年 1 月
報告者　山田剛志　新潟大学大学院実務法学研究科准教授

第 28 号「集団投資スキーム（ファンド）規制」 2009 年 3 月
報告者　中村聡 森・濱田松本法律事務所パートナー・弁護士

第 29 号「金融商品取引業の業規制」　2009 年 4 月
報告者　黒沼悦郎　早稲田大学大学院法務研究科教授

第 30 号「公開買付け制度」　2009 年 7 月
報告者　中東正文　名古屋大学大学院法学研究科教授

第 31 号「最近の金融商品取引法の改正について」　2011 年 3 月
報告者　藤本拓資　金融庁総務企画局市場課長

第 32 号「金融商品取引業における利益相反
—利益相反管理体制の整備業務を中心として—」　2011 年 6 月
報告者　神作裕之　東京大学大学院法学政治学研究科教授

第 33 号「顧客との個別の取引条件における特別の利益提供に関する問題」2011 年 9 月
報告者　青木浩子　千葉大学大学院専門法務研究科教授
松本譲治　ＳＭＢＣ日興証券　法務部長

第 34 号「ライツ･オファリングの円滑な利用に向けた制度整備と課題」2011 年 11 月
報告者　前田雅弘　京都大学大学院法学研究科教授

第 35 号「公開買付規制を巡る近時の諸問題」　2012 年 2 月
報告者　太田 洋 西村あさひ法律事務所弁護士･NY州弁護士

第 36 号「格付会社への規制」　2012 年 6 月
報告者　山田剛志　成城大学法学部教授

第 37 号「金商法第 6 章の不公正取引規制の体系」　2012 年 7 月
報告者　松尾直彦　東京大学大学院法学政治学研究科客員教授・西村あさひ法律事務所弁護士

第 38 号「キャッシュ・アウト法制」　2012 年 10 月
報告者　中東正文　名古屋大学大学院法学研究科教授

第 39 号「デリバティブに関する規制」　2012 年 11 月
報告者　神田秀樹　東京大学大学院法学政治学研究科教授

第 40 号「米国 JOBS 法による証券規制の変革」　2013 年 1 月
報告者　中村聡 森･濱田松本法律事務所パートナー･弁護士

第 41 号「金融商品取引法の役員の責任と会社法の役員の責任
—虚偽記載をめぐる役員の責任を中心に—」　2013 年 3 月
報告者　近藤光男　神戸大学大学院法学研究科教授

第 42 号「ドッド=フランク法における信用リスクの保持ルールについて」　2013 年 4 月
報告者　黒沼悦郎　早稲田大学大学院法務研究科教授

第 43 号「相場操縦の規制」　2013 年 8 月
報告者　藤田友敬　東京大学大学院法学政治学研究科教授

第 44 号「法人関係情報」　2013年10月
報告者　川口恭弘　同志社大学大学院法学研究科教授
平田公一　日本証券業協会常務執行役

第 45 号「最近の金融商品取引法の改正について」　2014 年 6 月
報告者　藤本拓資　金融庁総務企画局企画課長

第 46 号「リテール顧客向けデリバティブ関連商品販売における民事責任　2014 年 9 月
―「新規な説明義務」を中心として―」
報告者　青木浩子　千葉大学大学院専門法務研究科教授

第 47 号「投資者保護基金制度」　2014年10月
報告者　神田秀樹　東京大学大学院法学政治学研究科教授

第 48 号「市場に対する詐欺に関する米国判例の動向について」　2015 年 1 月
報告者　黒沼悦郎　早稲田大学大学院法務研究科教授

第 49 号「継続開示義務者の範囲―アメリカ法を中心に―」　2015 年 3 月
報告者　飯田秀総　神戸大学大学院法学研究科准教授

第 50 号「証券会社の破綻と投資者保護基金　2015 年 5 月
―金融商品取引法と預金保険法の交錯―」
報告者　山田剛志　成城大学大学院法学研究科教授

第 51 号「インサイダー取引規制と自己株式」　2015 年 7 月
報告者　前田雅弘　京都大学大学院法学研究科教授

第 52 号「金商法において利用されない制度と利用される制度の制限」　2015 年 8 月
報告者　松尾直彦　東京大学大学院法学政治学研究科
客員教授・弁護士

第 53 号「証券訴訟を巡る近時の諸問題　2015年10月
―流通市場において不実開示を行った提出会社の責任を中心に―」
報告者　太田 洋 西村あさひ法律事務所パートナー・弁護士

第 54 号「適合性の原則」　2016 年 3 月
報告者　川口恭弘　同志社大学大学院法学研究科教授

第 55 号「金商法の観点から見たコーポレートガバナンス・コード」　2016 年 5 月
報告者　神作裕之　東京大学大学院法学政治学研究科教授

第 56 号「ＥＵにおける投資型クラウドファンディング規制」　2016 年 7 月
報告者　松尾健一　大阪大学大学院法学研究科准教授

第 57 号「上場会社による種類株式の利用」　2016 年 9 月
報告者　加藤貴仁　東京大学大学院法学政治学研究科准教授

第 58 号「公開買付前置型キャッシュアウトにおける　　　2016年11月
価格決定請求と公正な対価」
報告者　藤田友敬　東京大学大学院法学政治学研究科教授

第 59 号「平成26年会社法改正後のキャッシュ・アウト法制」 2017 年 1 月
報告者　中東正文　名古屋大学大学院法学研究科教授

第 60 号「流通市場の投資家による発行会社に対する証券訴訟の実態」 2017 年 3 月
報告者　後藤　元　東京大学大学院法学政治学研究科准教授

第 61 号「米国における投資助言業者（investment adviser）　2017 年 5 月
の負う信認義務」
報告者　萬澤陽子　専修大学法学部准教授･当研究所客員研究員

第 62 号「最近の金融商品取引法の改正について」　　　2018 年 2 月
報告者　小森卓郎　金融庁総務企画局市場課長

第 63 号「監査報告書の見直し」　　　2018 年 3 月
報告者　弥永真生　筑波大学ビジネスサイエンス系
ビジネス科学研究科教授

購入を希望される方は、一般書店または当研究所までお申し込み下さい。
当研究所の出版物案内は研究所のホームページ http://www.jsri.or.jp/ にてご覧いただけます。

金融商品取引法研究会研究記録　第64号

フェア・ディスクロージャー・ルールについて

平成30年6月12日

定価（本体500円＋税）

編　者　　金融商品取引法研究会
発行者　　公益財団法人　日本証券経済研究所
東京都中央区日本橋茅場町1-5-8
東京証券会館内　　〒103-0025
電話　03（3669）0737代表
URL: http://www.jsri.or.jp

ISBN978-4-89032-680-8 C3032 ¥500E